AI觉醒

生成式人工智能
产业机遇与数字治理

鲁俊群　李璇◎著

机械工业出版社

CHINA MACHINE PRESS

《AI觉醒：生成式人工智能产业机遇与数字治理》是一部介绍生成式人工智能前沿新知和落地实践应用的专业经济读物。

　　本书围绕生成式人工智能带来的产业新机遇和挑战，从大模型背后的核心问题、生成式人工智能带来的商业变革、对生活的改变以及国际视角下的治理问题等多个方面，为大家呈现出机遇与挑战并存的产业图谱。最终，本书力求助力我国生成式人工智能产业发展走深、走实，助力我国科技驱动高质量发展之路更宽、更远。

图书在版编目（CIP）数据

AI觉醒：生成式人工智能产业机遇与数字治理／鲁俊群，李璇著.—北京：机械工业出版社，2024.2

ISBN 978-7-111-74551-8

Ⅰ.①A…　Ⅱ.①鲁…②李…　Ⅲ.①人工智能–产业发展–研究–中国　Ⅳ.①F492.3

中国国家版本馆CIP数据核字（2024）第011026号

机械工业出版社（北京市百万庄大街22号　邮政编码100037）
策划编辑：李　浩　　　　　　　　　　责任编辑：李　浩
责任校对：肖　琳　薄萌钰　韩雪清　　责任印制：张　博
北京联兴盛业印刷股份有限公司印刷
2024年3月第1版第1次印刷
170mm×230mm·14.5印张·1插页·166千字
标准书号：ISBN 978-7-111-74551-8
定价：79.00元

电话服务　　　　　　　　　　网络服务
客服电话：010-88361066　　机　工　官　网：www.cmpbook.com
　　　　　010-88379833　　机　工　官　博：weibo.com/cmp1952
　　　　　010-68326294　　金　书　网：www.golden-book.com
封底无防伪标均为盗版　　机工教育服务网：www.cmpedu.com

PREFACE

生成式人工智能的迅猛发展，给人类社会的生产和生活方式带来了巨大改变，同时业界对于AI觉醒所带来的颠覆式影响也产生了更多的想象。这一前沿领域的研究，特别是构建可想象的人类行为智能体，为人工智能的未来发展提供了更多的可能性。

如某科技公司新创造的类人智能体，甚至体现了很多类人的情感特质，它们会疲惫、会孤独，甚至会冥想和跑步，相较于以任务为导向的其他智能体，类似智能体致力于模拟日常生活中的人类情感和行为，而不仅仅是完成特定任务。

随着国产大模型的不断开放，人工智能应用迅速升温，人们对于风险和安全问题的担忧也日益显现。这也解释了为什么全球范围内出现了强烈呼吁对人工智能进行治理的声音。生成式人工智能带来产业发展新机遇的同时，也伴随着潜在的风险和挑战。

生成式人工智能治理的重要性不言而喻。本书围绕生成式人工智能带来的产业新机遇和挑战，从大模型背后的核心问题、生成式人工智能带来的商业变革、对生活的改变以及国际视角下的治理问题等多个方面，为大家呈现机遇与挑战并存的产业图谱。治理的前提既有价值共识，也有技术底座。价值共识是舵手，将有助于确立人工智能的伦理和道德原则，技术底座则是治理的基础。缺少技术底座的治理是空谈，缺少价值共识的治理则会迷失方向。

在中国，大型互联网企业在大模型的发展方面拥有显著的优势，拥有强大的人才、算力、数据资源。然而，小型企业也扮演着重要角色，它们不仅在创新方面活跃，还是整个生态系统的重要组成部分，在一些行业垂直应用、挖掘场景应用方面将发挥重要作用。生成式人工智能赋能的不仅是行业，还有个人。未来，我们会看到很多在生成式人工智能加持下的超级个体。做一个工具人，还是做一个会使用工具的人，决定权掌握在我们每个人的手里。

在 AI 发展的全球大浪潮中，对于未来的 AI 产业发展新形态和个人新的职业发展方面，本书尝试提供一些参考建议，希望能给大家带来思考和收获。

在本书写作和出版过程中，还得到过周靓、向坤等人的帮助和支持，借此机会表示感谢。

目录
CONTENTS

06

07

08

第一章

生成式人工智能的颠覆之路

第一节　人工智能前世今生

纵观古今，纵览人工智能（Artificial Intelligence，AI）的发展脉络，宛如探索一幅辽阔而神奇的画卷，生成式人工智能则是发展过程中的一个重大突破。让我们一同穿越时光的长河，领略这段既严谨又有趣的历史。

人工智能的诞生，可追溯到 20 世纪的早期探索阶段。那时，智慧的火花初次迸发，学者们开始展开一系列初步的研究和实验，尝试理解逻辑推理、问题解决等智能化的奥秘。如同解开宇宙之谜的探险家，他们以锐利的思维和不息的探索，开启了人工智能的未知征程。

1950 年，英国科学家图灵（Alan Turing）提出了图灵测试的概念（Turing Test）：测试者通过一些装置（如键盘）向被试（人或者机器）随意提问，如果测试者无法通过对话判断对方是人还是机器，就意味着通过了图灵测试（见图 1-1）。

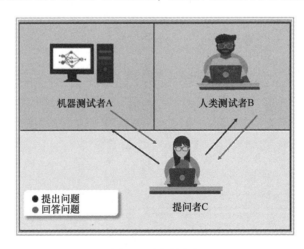

图 1-1　图灵测试

1956 年夏天，在美国达特茅斯学院举行了历史上第一次人工智能研讨会，这被认为是人工智能诞生的标志。而后，人工智能的舞台渐渐转移到知识表达与推理的时代。在这个阶段，学者们将关注点转向了知识的表达和推理。专家系统成了当时的焦点，他们通过规则化的方式将专家的知识凝聚成智慧的结晶，使机器具备了一定程度的智能。如同悠然书写智者智慧的诗人，他们以规则的笔触，勾勒出人工智能世界中的一幕幕灵动的画面。

连接主义的出现为人工智能注入了新的活力。这是一段革新的岁月，一种基于数据和学习的方法崭露头角。通过模拟神经网络的方式，学者们为机器设计了一套学习和适应的机制，如反向传播算法等。就如同在机器的心灵中播下了一颗种子，它日夜吸收养分，苗壮成长，为复杂的模式识别和学习任务提供了独特的优势。

如今，我们置身于一个现代机器学习的时代，其中生成式人工智能成了人工智能的耀眼明星。数据的飞速增长和计算能力的飞跃为机器学习提供了强大而有力的支持。尤其是深度学习的发展，通过构建深层神经网络，实现了在图像识别、语音识别、自然语言处理等领域的重大突破。这是一场神奇的变革，自此之后，机器开始以无与伦比的准确性感知、理解世界了。

回首过去，我们欣喜地看到人工智能的蓬勃发展。生成式人工智能的崛起只是人工智能进化的一个重要节点，各种新技术和方法，如强化学习、迁移学习、生成对抗网络等正纷纷涌现。人工智能在各个领域的应用日益广泛，从自动驾驶到医疗诊断，再到智能助理，展现出其无穷的潜力。

中国科学院院士、清华大学人工智能研究院名誉院长、人工智能国际治理研究院学术委员会委员张钹表示："有了大模型之后，机器完成特定任务的质量会提高很多。大模型让机器在处理数据时，具有处理数据（文本）中所包含的人类知识的能力，这将给产业带来巨大的影响。"

一、人工智能主要经历的发展阶段

1. 早期探索阶段（20 世纪 50—60 年代）

这是人工智能踏上征程的初始阶段，宛如一位勇敢的探险家踏足未知的领域。在那个时代，人工智能的概念被初次呼唤，引领着一系列的探索与实验。逻辑推理、问题解决等成为那些研究者们的操练，仿佛是一场智慧的奏鸣曲在他们的笔尖间演奏。

2. 知识表达与推理阶段（20 世纪 70—80 年代）

这是人工智能的思想在知识的花园中翩然起舞的时光，研究者们将目光投向知识的表达和推理，其中专家系统成为这个时期研究的焦点。通过以规则的形式表达专家的知识，一种独特的智能化得以实现。如同在智者的指引下，人工智能逐渐展示出其灵巧的思考和解决问题的本领。

3. 进化与连接主义阶段（20 世纪 80—90 年代）

在这个时期，一种新的研究方法如同火花般闪现，那就是连接主义。以模拟神经网络的方式为基石，人工智能领域展现出一种以数据和学习为基础的进化。反向传播算法等技术的涌现使得处理复杂的模式识别和学习任务愈发得心应手。仿佛是在揭开大脑奥秘的面纱，机器通过连接的方式构筑起智慧的思维网络。

4. 现代机器学习阶段（2000 年至今）

随着数据的爆炸性增长和计算能力的崛起，机器学习成为人工智能的璀璨明珠。特别是深度学习（Deep Learning）的发展，通过构建深层神经网络，让图像识别、语音识别、自然语言处理等领域迎来了一次又一次的壮丽突破。机器，仿佛是一位潜心修炼的学者，在信息的海洋中遨游，更为准确地感知与理解世界。

二、当前人工智能的发展趋势

当前，人工智能正处于飞速发展的时期，犹如一团熊熊燃烧的烈火。深度学习仅仅是其中的一朵奇花，同时还有强化学习、迁移学习、生成对抗网络等新技术和方法的涌现。人工智能在各个领域的应用也日益广泛，从自动驾驶到医疗诊断，再到智能助理，无不展示出其独有的特色与能力。当今时代，人们也正见证着人工智能在人类文明的舞台上奏响出一曲曲未来的交响乐章，如同跳动的音符欢快而有韵律，人工智能伴随并辅助着人类走向时代新篇章。

接下来，让我们一起探寻人工智能的表现方式，这又是一段奇幻的旅程。

1. 人工智能以逻辑推理为一种表现方式

人工智能像是一位智者，凭借逻辑的力量，在信息的迷宫中穿梭。通过分析和推理，人工智能可以解决复杂的问题，探索隐藏在数据背后的规律。在自动化方面：人工智能可以自动执行特定任务，无需人类的干预。例如，自动驾驶汽车可以通过感知环境、决策和控制车辆，实现无人驾驶。

2. 人工智能以问题解决为另一种表现方式

人工智能像是一位智慧的导航员，为我们指引前进的方向。通过分析输入的问题，人工智能可以提供准确的答案或解决方案，如同一位智慧的助手，时刻伴随着我们。它像是一双敏锐的眼睛，细致地观察着世界的每一个细节。通过学习和训练，人工智能可以识别图像、声音、文本等各种模式，帮助我们发现事物之间的关联和规律，例如目前流行的 ChatGPT 等问答机器人模式。

3. 在模式识别方面

人工智能可以识别和理解图像、声音、文本等数据中的模式和特征。例如，图像识别算法可以自动识别图像中的物体和场景，语音识别技术可以将语音转换为文本。例如某科技公司早已提出的智能识图等。

4. 在自然语言处理方面

人工智能可以处理和理解人类的自然语言。例如，智能助理可以理解和回答用户的声音或文本输入，机器翻译可以将一种语言翻译成另一种语言。在问题解决与推理方面：人工智能可以通过推理和逻辑推断解决问题。例如，专家系统可以基于专家的知识和规则，设计与建模构建智能辅助与对练系统，给出针对特定问题的解决方案。

未来，人工智能将变成一位通晓多种语言的翻译官，能够理解和处理人类的自然语言。通过语言的理解和生成，人工智能可以与人类进行对话，帮助我们获取信息、完成任务，犹如一位忠实而聪明的伙伴。

此外，人工智能还可以通过生成式方法表现自己。生成式人工智能能够创造出新内容，如文本、图像、音乐等。它像是一位天马行空的艺术家，用创造力和想象力构筑出独特而美妙的作品，为我们带来无限的惊喜和启发。在学习与适应方面：人工智能可以通过学习和训练改善自身性能。

机器学习和深度学习技术使得人工智能能够从数据中学习，并根据经验不断调整和改进其行为。在创造性表现方面：人工智能可以生成具有创造性的内容，如艺术作品、音乐、文学等。例如，生成对抗网络（Generative Adversarial Networks，GAN）可以生成逼真的图像和视频，自动生成算法可以创作音乐和写作文章。

与此同时，人工智能也可以展示出与人类协作的能力。协作机器人与人类紧密合作，共同完成特定的任务。二者相互配合，各司其职，以高效的方式达成共同目标。这种协作关系仿佛是一场华丽的合奏，使得机器与人类一起交织出优美的旋律。人工智能具有并可呈现与人类交互的特性，就如同一位智慧的伙伴，虚拟助手通过载体作为交互媒介与用户展开对话和交流。它们聆听用户的需求，提供信息和帮助，仿佛是一位谦和而机智的助手，时刻陪伴在用户的身旁。通过互动，人工智能可与人类共同创造一个融洽而有趣的交流氛围。

在这个充满协作与交互的领域里，人工智能扮演着不可或缺的角色。它们如同舞台上的演员，与人类默契配合，共同上演精彩的戏剧。通过协作，人工智能与人类相互补充，共同发挥各自的优势，创造出更大的价值。正因如此，我们置身于一个既奇幻又真实的时代，机器与人类的协作与交互如同一幅绚丽多彩的画卷，展现出无限的可能性。在这个交错的舞台上，机器以智慧和创造力为工具，与人类携手前行。

通过以上多种表现方式，人工智能展现了其多样化且丰富的才华。**它既是一位逻辑思维者，又是一位问题解决者，同时还具备模式识别和自然语言处理的能力，而生成式人工智能更是赋予了它创造和想象的力量**。在人工智能的世界里，我们仿佛置身于一个充满奇迹和创意的王国，每一种表现方式都为我们带来无限的可能性。

三、人工智能在产业化发展方面也展示出波澜壮阔的图景

技术研发和创新如同探险家的足迹，在人工智能的演化历程中留下了深刻的印记。**持续的研发和创新是提升人工智能性能和应用能力的关键所在**。深度学习、机器学习、自然语言处理等核心技术的不断突破和优化，就像是一扇通向未知领域的大门，揭示了人工智能无限的可能性。例如，深度学习的发展让计算机可以通过分析海量数据学习和识别图像、声音、语言等，促使图像识别、语音识别、自然语言处理等领域取得重大突破。

数据资源和算力犹如一片富饶的土地，蕴藏着无限的能量，为人工智能的发展提供了必要的支撑。**人工智能的进步离不开大量高质量的数据和强大的计算能力**。产业化的发展需要我们建立和积累相关领域的数据资源，它们就像是一座宝库，装满了高质量的信息。同时，投资建设高性能的计算平台和云计算基础设施，就像是给人工智能注入了无穷的力量，让模型训练和推理变得更加高效和精确。

人才培养和引进也尤为重要，人才是第一推动力，任何产业的发展都离

不开人才。"问渠哪得清如许，为有源头活水来"，无论人工智能如何发展，归根到底，只有人才，才是源源不断的活力。产业化的推动需要我们投资于人才培养，培养出具备人工智能专业知识和技能的工程师、研究人员和管理者。

于产业而言，人才团队技艺精湛与否，决定着智能时代乐章的华丽格调。像清华大学、北京大学、麻省理工学院、斯坦福大学等高校，一直致力于人工智能人才的培养与发展，为产业化的发展注入了新的生机与活力。

产业生态系统建设如同一座搭建在共同信任和合作之上的城市，为人工智能的发展提供了稳固的基础。构建完善的人工智能产业生态系统需要与相关行业和领域的合作伙伴建立紧密的合作关系。建立创新中心、实验室和孵化器等研发和创新平台，为产业良性发展创造孕育创新的土壤，促进技术转移和商业化应用，让人工智能的成果得以真正造福社会。

法律和政策支持如同防火墙，为人工智能产业化的发展提供了保障。制定和完善相关的法律、政策和规范，包括数据隐私保护、知识产权保护、标准化、监管等方面的规定，为人工智能企业提供稳定和可预测的发展环境，为人工智能的发展保驾护航，以保护权益，促进公平竞争。

市场需求和商业应用在产业发展过程中起到推动"落地"的作用，从实验室到中试再到普惠大众，这是科技发展的路径之一。**市场和科研是产业发展的双引擎，二者相辅相成，共同写就人工智能发展华章**。一方面，企业端要更了解市场需求，开发和提供与实际需求相匹配的解决方案；另一方面，当科研进入快车道，也能引领市场的发展方向。

重视培育人工智能应用的市场和商业模式是实现产业化发展的重要因素，应用范围之广泛，也是产业化的重要成果，涉及自动驾驶、医疗诊断、智能助理等众多领域，为人们的生活带来便利和创新。

"科技+产业"的"双壁"模式，在人工智能领域尤为明显，顺着发展的长河逐流而下，我们看到新的篇章正逐渐展开：不断探索与强化学习和自主系统、可解释性人工智能、联邦学习和隐私保护、人工智能与物联网的融合、边缘计算和人工智能、跨学科融合以及社会伦理和政策规范……人工智能，充满着发展的未来感和跃进感。

强化学习和自主系统展示出人工智能的自我进化。强化学习通过与环境的互动学习最优行为，如同一位勇敢的探险家，披荆斩棘，持续探索未知领域。未来，强化学习有望推动自主系统的发展，使机器能够主动学习和适应复杂环境。例如，智能机器人可以通过强化学习算法学会在不同环境中导航、执行任务，并逐渐提高自己的性能和适应能力。

为了增强人工智能的可信度和可接受性，可解释性人工智能成为一个重要的发展方向。**研究人员正在努力解决黑箱模型的可解释性问题，使人工智能的决策过程可以被理解和解释**。例如，通过使用解释性算法或者提供决策的解释性说明，人工智能系统可以向用户解释其推荐结果或决策依据，增加用户的信任和接受度。

联邦学习和隐私保护如同一个保护盾，守护着用户的数据隐私。联邦学习是一种在分布式数据环境下进行模型训练的方法，能够保护用户数据的隐私。随着人们对隐私保护的日益重视，联邦学习将在实际应用中得到更广泛的使用。在信息安全被提到重要议程的时代背景下，很多应用场景脱颖而出。例如，医疗领域可以利用联邦学习的方式，让不同医院之间共享匿名化的病例数据进行模型训练，从而提高医学诊断的准确性，同时保护患者的隐私。

物联网的发展使得大量设备和传感器能够产生海量的数据。当人工智能技术与物联网的数据融合，我们将看到未来感知、自动化、智能决策，将进一步助推智能城市、智能交通等领域的纵深发展。智能家居通过与人工智能相结合，可以实现对家居设备的智能控制和智能化的能源管理，提升生活品质和能源利用效率。

边缘计算和人工智能如同一对默契的舞伴，共同演绎着智能化的未来。**边缘计算将计算能力和存储资源推向网络的边缘，使得人工智能能够更快速地响应和处理实时数据**。边缘计算与人工智能的结合将推动智能设备、无人驾驶、智能家居等应用的发展。例如，智能车辆通过边缘计算和人工智能技术，能够实时感知和响应交通状况，提高行驶安全性和效率。

跨学科融合如同一座创新的桥梁，将不同学科的智慧融合在一起。人工智能涉及多个学科的交叉融合，如计算机科学、数学、神经科学、心理学等。未来，人工智能的发展将进一步促进不同学科之间的合作与创新。例如，将计算机科学的深度学习算法与心理学的认知模型相结合，可以开发出更符合人类认知特点的智能系统。

社会伦理和政策规范如同一面道德的镜子，引导着人工智能的发展方向。随着人工智能的应用越来越广泛，人们对社会伦理和政策规范的需求也越来越迫切。未来的发展将涉及更多对于人工智能的伦理、隐私、安全和公平性等问题的讨论和解决。行业中应加快制定人工智能算法的透明度和公平性标准，以确保人工智能的决策不受歧视和偏见的影响。

第二节　生成式人工智能解析

人工智能生成的内容（Artificial Intelligence Generated Content，AIGC），涵盖文字、图像、音频和视频等多种形式。它借助机器学习和生成式模型，如生成对抗网络（GAN）或序列到序列模型（Seq2Seq）等，通过训练模型并输入相关数据，使机器能够生成具有一定创意和逻辑的内容。AIGC 的目标在于运用人工智能算法自动创作内容，如自动写作、图像生成和语音合成等。

举个例子，新闻机构利用 AIGC 技术可以自动生成新闻报道。它们将大量的数据和信息输入模型，模型通过学习和分析这些数据，生成与真实新闻相似的报道。这项技术极大地提高了新闻报道的效率，能够快速生成大量的新闻内容，并保持一定的创作风格和逻辑性。

生成式人工智能（Generative Artificial Intelligence，GAI）是一个广义的概念，是指涉一类人工智能技术和模型，旨在通过学习和模拟人类创造性思维和创作过程，生成新的、原创的内容。 这些技术和模型广泛应用于艺术创作、音乐创作、图像生成和自然语言生成等多个领域。

比如，艺术家和设计师利用生成式人工智能技术，让机器能够生成独特的艺术作品。通过学习艺术家的风格和创作规律，生成式人工智能模型甚至能够创造出以假乱真的艺术品，展现出令人惊叹的创意和美感。

通过 AIGC 和生成式人工智能，我们能够窥见人工智能在内容生成和创作领域的巨大潜力。这些技术不仅提供了创作的辅助工具，还为艺术、媒体和创意产业带来新的可能性，拓展了人类创造力的边界。

为了让人工智能更"懂你"，通过业界的努力，诞生了生成式人工智能。OpenAI 创始人山姆·阿尔特曼提出，他们在大量的文本数据上训练了模型，在这个过程中，模型学习了一些关于这个世界的底层表示，这些模型能够展现令人惊叹的能力。

当我们第一次体验 GPT-4 基础模型时，在未经过人类反馈强化学习（Reinforcement Learning from Human Feedback，RLHF）训练的情况下，虽然在评估方面，它表现出色，能够通过测试，拥有丰富的知识。然而，它并不是非常实用，或者至少不太容易使用。

我们可以这样理解，RLHF 是我们如何利用一些人类反馈的方法，其中最简单的版本是向模型展示两个输出，询问人类评级者哪个更好，哪个更受喜爱，然后将这个反馈通过强化学习反馈给模型。这个过程只需使用相对较少的数据，就能使模型变得更加实用，取得非常好的效果。

因此，RLHF 可以帮助模型实现人类期望它能够完成的任务。它是一种方法，通过引入人类反馈，让模型更加智能和有用，进一步提升其性能。它会根据我们提供的信息，给出千姿百态的答案，无论我们需要什么，总有一款适合自己。

生成式人工智能有很多应用场景，在技术路径的价值实现方面，还需要我们发挥人类的聪明才智，在底层工具的基础上做优化和升级。在 AIGC 的加持下，未来每个人都可能变成超级个体，每个人的某一方面都有可能发展成"类专家"的特质。生成式人工智能看似让我们更强大了，但我们的竞争力阈值也提高了。当某一天，我们发现自己变得很强时，回头一看，很多人都拥在自己的身边，因为他们也都变强了。

因此，下好先手棋，打好主动仗，总是对的。

下面让我们看看一位咖啡店老板的市场故事。

网红咖啡店诞生记

有一天，大城市里的一家小咖啡馆里发生了一段有趣而又引人思考的故事。这家咖啡馆位于繁华的市中心。它是一个受欢迎的场所，人们常常来这里享受美味的咖啡和轻松的氛围。

一天，咖啡馆老板听说了一种名为 GPT 的神秘技术。这个技术号称拥有强大的语言生成能力，能够模拟人类对话并提供有用的信息。老板对此技术充满好奇，决定尝试一下，看看它是否真的能够改变咖啡馆的运营方式。

他联系了一家人工智能公司，将 GPT 集成到咖啡馆的网站和手机应用程序中。他们精心设计了一个用户友好的交互界面，使顾客能够直接在应用中与 GPT 进行对话。

很快，咖啡店迎来了许多好奇的顾客。人们兴致勃勃地向 GPT 提问，试图了解咖啡馆的特色、咖啡的种类和饮品搭配建议。GPT 以其流畅而准确的回答令人惊讶，仿佛真的有一个咖啡专家在与顾客交谈。

渐渐地，咖啡馆越来越受欢迎。GPT 成了顾客们的好朋友，他们常常通过应用程序向它咨询各种问题。有时，它会给顾客推荐新的咖啡口味，让他们的咖啡体验更加丰富。有时，它会与顾客分享有趣的咖啡文化知识，让他们在品味咖啡的同时也了解一些故事。

GPT的广泛应用领域也为咖啡馆带来了更多商机。咖啡馆开始使用GPT处理在线订单和线下预订，为顾客提供个性化的服务和建议。顾客们也可以通过GPT向咖啡馆的管理团队提出意见和建议，让他们今后能更好地满足顾客的需求。

这项技术的开放性和自定义性也为咖啡馆带来了新的可能性。咖啡店老板和他的团队花费了一些时间来训练GPT，使其能够更好地理解咖啡馆的独特特色和文化。他们还与其他咖啡馆的经营者和咖啡专家合作，共同提高GPT的表现和适应性。

这家咖啡店的成功吸引了许多人的关注。其他咖啡馆和商家纷纷效仿，将类似的技术引入他们的业务。这项技术改变了顾客与咖啡馆的互动方式，提升了用户体验，并为咖啡馆带来了更多商机。

GPT的火爆不仅仅因为它拥有强大的语言生成能力，还因为它在咖啡馆这个现实场景中为顾客带来了真正的价值。它让顾客感到亲近，提供了个性化的服务，为咖啡馆的运营增添了乐趣。

无论咖啡店老板还是顾客，他们都被GPT的惊艳能力吸引，虽然GPT目前的版本还会出现一些搞笑的问题，但任何人都不能否认它确实由于能力超强而出圈的事实。

故事的结局是，在 GPT 的加持下，这家咖啡店成了人们更爱聚集的场所，不仅仅是因为咖啡的美味，还因为有一个可爱的 AI 伙伴。

ChatGPT 火遍了全球，一跃成为 AI 领域的现象级应用，发布仅仅 5 天，注册用户数量就超过 100 万。这是 Facebook 用了 10 个月才达到的用户数量。相关资料显示，2023 年 1 月末 ChatGPT 推出仅两个月，月活用户已经突破 1 亿人次，成为史上用户量增长速度最快的消费级应用程序。ChatGPT 之所以如此火爆，原因如下。

1. 强大的语言生成能力

ChatGPT 基于 GPT-3.5 模型，拥有强大的语言生成能力。它具备理解和生成自然语言文本的能力，并能以流畅、准确的方式回应用户的问题和指令。这使得 ChatGPT 在模拟人类对话和提供有用信息方面表现出色，吸引了广泛的用户群体。

2. 广泛的应用领域

ChatGPT 的广泛应用领域也是其受欢迎的原因之一。它可以用于各种任务，包括智能助手、客服机器人、语言翻译、内容生成、创意助推等。ChatGPT 的多功能性和适应性使得用户可以在不同的领域和场景中用它来实现自己的目标。

3. 用户友好的交互界面

ChatGPT 的用户界面通常设计得非常友好和易于使用。用户可以直接在聊天窗口输入问题或直接语音下达指令，然后 ChatGPT 会即时生成回复。这种直接、交互式的用户体验使得 ChatGPT 更加吸引人，并且无须用户具备编程或技术背景。

4. 开放性和自定义性

ChatGPT 的开放性和自定义性也是其火爆的原因之一。用户可以根据自己的需求和应用场景对 ChatGPT 进行定制和训练，以提高其表现和适应性。开放的 API 接口和丰富的开发工具使得开发者和研究人员可以进一步探索和创新，从而推动了 ChatGPT 的发展和应用。

第三节　生成式人工智能研究前沿

在一个位于未来的科研实验室里，两位科学家李斯和阿莫正在讨论生成式人工智能的研究前沿。他们充满激情地谈论着这个充满机遇和挑战的领域。

李斯兴奋地说道："这太有趣了！人类指导的科学！这是一个非常有趣的科学，而且将是非常重要的科学。"

阿莫点头赞同并补充道："确实如此。我们需要理解如何使它可用，如何使它明智，如何使它道德，以及如何使它在我们思考的所有方面都与我们对齐。这关系到我们如何定义人类的角色，如何将人类反馈纳入过程。我们要问人类哪些方面需要关注？我们要让它们对事物进行排名吗？"

这些问题引发了两位科学家对未来的思考。他们知道，生成式人工智能不仅仅是一项技术，更是涉及伦理、社会和人类价值观的深刻问题。他们意识到，为了让这项技术发挥出最大的潜力，他们必须认真思考这些问题。

阿莫回应道："这确实吸引人。我们的任务不仅是寻找信息，更是过滤和筛选信息，我们需要确保生成式人工智能在输出时能够符合我们的期望和需求。"

李斯补充道："是的，我们需要关注数据集的质量和庞大程度。这是影响生成式人工智能性能的关键因素之一。数据集的多样性和广泛性可以为模型提供更好的学习基础。"

以上对话改编自 OpenAI 创始人山姆·阿尔特曼的真实讲话稿。

两位科学家开始谈论数据集的规模和复杂性。他们描述了庞大而丰富的数据集，其中包含了各种类型的信息，涵盖了多个领域和学科。他们讨论了数据的收集、清理和标记过程，以及如何保证数据的准确性和可靠性。

他们意识到，生成式人工智能的研究前沿是多么广阔而富有挑战性。他们也明白，只有通过不断地探索和创新，才能推动这个领域的进步。

生成式人工智能的研究前沿充满了奇思妙想和创新突破。科学家们正在努力让机器能够模拟人类的创造性思维和创作过程。他们想要让机器能够写出引人入胜的小说、创作出动听的音乐、绘制出惊艳的艺术作品。

我们可以想象一下，一台机器能够像莎士比亚一样创作戏剧或者像贝多芬一样作曲。这并非虚构，而是生成式人工智能的潜力所在。通过学习和模仿人类的创作规律和风格，机器可以创造出令人惊叹的作品。

举个例子，一些研究人员使用生成式人工智能来生成艺术作品。当他们输入大量的艺术品数据和艺术家的风格特征后，机器学习模型通过分析和理解这些数据，能够生成与真实艺术品相似的作品。这些生成的艺术品既具有独特的风格，又充满创意和美感。

生成式人工智能的研究前沿还涉及语言生成和自然语言处理领域。研究人员希望机器能够理解和生成自然语言文本，具备与人类进行自由对话的能力。他们开发了各种模型和算法，通过深度学习和神经网络的方法，使机器能够以流畅、准确的方式回应用户的问题和指令。

GPT-3 曾被誉为生成式预训练模型的巅峰之作，它拥有巨大的模型规模和惊人的语言生成能力，能够模拟人类的语言表达和逻辑思维。GPT-3 在各种任务上表现出色，可以生成连贯的文章、回答问题，甚至创作诗歌，当时在自然语言处理领域引起了巨大的轰动。

然而，GPT-4 的问世进一步突破了 GPT-3 的性能和能力。首先，它的模型规模比 GPT-3 更大，拥有更多的参数和更深层的架构。这意味着它可以处理更复杂、更长的文本，并产生更具连贯性和逻辑性的回复。此外，GPT-4 引入更先进的训练技术和优化算法，使其在语言理解和生成方面更加精准和高效。

GPT-5 是未来的一项创新。虽然尚未问世，但我们可以期待它在生成式人工智能领域带来的突破性进展。与前一版本相比，GPT-5 可能会进一步提高模型的规模和训练技术，以实现更高质量的语言生成。此外，GPT-5 可能会具备更强大的学习能力，能够更好地理解语境、推理逻辑和表达情感。

1. 在训练技术方面

每个版本都会引入新的训练技术和算法，以提高模型的性能和效率。这意味着 GPT-4 和 GPT-5 在语言理解和生成方面将更加精准和高效。随着版本的更新，GPT-4 和 GPT-5 可能会在语言生成方面更加出色，产生更具创造性和艺术性的文本，从而为用户提供更丰富、更具感染力的体验。

2. 在学习能力方面

GPT-5 可能会在学习能力方面有所提升，更好地理解语境、推理逻辑和表达情感。这将使其在与用户的对话中更具人类的智能和情感共鸣。当然，生成式人工智能的研究前沿还有许多挑战需要被克服。例如，如何让机器的创作更具创意性和独特性，如何处理与伦理和社会价值观相关的问题等。这些问题需要科学家们不断探索和解决，以确保生成式人工智能的发展与人类的价值观和社会需求保持一致。

国务院参事、中国人工智能学会理事长、中国工程院院士、清华大学信息科学技术学院院长戴琼海指出："人工智能正在深刻改变这个时代。"

机器人遨游在自动装配的生产线上，灵巧而熟练，为工业界带来了翻天覆地的改变。有人驾驶将不再是单一的选择，自动驾驶的汽车将在城市的街道上驰骋。在科技、医疗、电子和金融等领域，人工智能展现出其非凡的赋能之力，正在成为人类的得力助手。

未来的人工智能应该具备对大场景、多对象和复杂关系的精准理解，以弥补现有人工智能的不足并推动其发展。试想一下，假如我们面前展示出一张地图，上面标记着人工智能发展的支柱：脑科学、数据、算法与算力。这些支柱就像是探险中的重要装备，必不可少。为了更好地探索 AI 的未来，我们需要加快脑科学基础研究，让智脑同飞，推动人工智能技术的发展。

在 AI 的探险旅程中，我们遇到了很多有趣的场景：可以简单输入文字，几秒就能生成图画、文本等。就像探险家在神秘的森林里发现了神奇的魔法物品一样，这些 AI 产品展现了人工智能更广泛的应用前景和巨大的赋能潜力。

繁华深处，我们还能发现许多令人惊叹的成果：智能仿生手、智能灵巧假腿、脑机接口产品，让截肢患者能像控制自己的手脚一样控制假肢，帮助孤独症患者提升社交沟通与行为能力，助眠舒压、改善睡眠质量。AI 发展的目标，不仅仅是技术，更是人类的助手和伙伴。

生成式人工智能将继续为人类社会带来惊喜和创新。它们将成为艺术、文化、创意产业的助推器，为我们带来崭新的艺术作品、音乐和文学作品。通过与生成式人工智能的互动，我们将开启一个全新的创作世界，探索无限的创意可能性。

第四节　生成式人工智能颠覆之路

图灵奖得主、中国科学院院士、清华大学人工智能国际治理研究院学术委员会主席姚期智提到："有很多人说，人工智能的浪潮每隔若干年有高有低，但这次是真的浪潮，我们可以完成以前想都不能想的问题。"他认为，人们可以先从立法管制做起，重要的是千万不能停止人工智能的研究。科学的大门一旦打开是挡不住的，需要整个社会一起参与，鼓励科学家进行研究，像这种重大的问题只有科学方法才能解决。

以下是一段关于"生成式人工智能的颠覆式影响"的对话，从中我们可以窥斑见豹。

一天，李斯突然对阿莫说："我不确定我们能否完全理解生成式人工智能。你说它将整个互联网内容压缩到一小部分参数中，装在一个黑箱子里，里面充满了人类智慧。但这是什么东西呢？"

阿莫微笑着回答道："是人类知识，我们可以这么说。"

"人类知识，这是个好区分。"李斯思索着继续说道，"但知识有区别吗？我们说有事实和智慧，我认为 GPT-4 也可以充满智慧。那么从事实到智慧的跳跃是什么？"

阿莫眉头微微一皱，沉思片刻后回答说："我们觉得有趣的一点是，在训练这些模型的过程中，我怀疑我们将太多的处理能力用于把数据库输入模型。"

李斯脸上露出了困惑的表情，问道："你是说我们把海量的数据灌输给模型，然后它能够通过这些数据进行推理和生成答案？"

阿莫点头赞同道："没错，正是如此。我们在训练模型的过程中，它通过学习和分析海量的数据，从中提取出事实和模式，并对问题和指令做出回应。它拥有广博的知识和一定的推理能力，从而产生看似智慧的回答。"

李斯兴奋地插话道："这简直太神奇了！生成式人工智能通过大量的数据输入和模型训练，不仅能够理解事实和知识，还能够进行逻辑推理，创造出具有智慧的回答。它能够为我们提供独特的见解和创造性的解决方案。"

阿莫微笑着补充说："是的，这正是生成式人工智能的颠覆性所在。它打破了以往人们对智慧的定义和认知，通过数据和模型的结合，创造出一种新的智慧形态。它可以帮助人类解答复杂问题，启发创新思维，甚至在艺术创作和科学研究中提供新的灵感。"

以上对话改编于 OpenAI 创始人山姆·阿尔特曼的真实讲话稿。

从事实到智慧的跨越，重要的是"推理"和"生成"，故事中的李斯和阿莫代表了科学家和企业家对于生成式人工智能的好奇和追求，他们的探索揭示了生成式人工智能的颠覆性和创新性。通过人类智慧和大量的数据训练，生成式人工智能可以产生令人惊叹的智能表现，为人类带来新的思考和可能性。他们的故事鼓舞着更多的科学家和研究者继续探索和挖掘生成式人工智能的潜力，为未来的技术发展和社会进步做出贡献。

2022 年年底，OpenAI 推出 ChatGPT，迅速火遍全球，上线仅两个月注册用户就达到 1 亿，引发全民关于 AI 大变革的讨论，并被广泛认为开启了生成式人工智能的颠覆之路。人们对于 OpenAI 在成立时承诺专利和研究成果全部开放，而现在又不开源代码表示疑虑。

OpenAI 未来是否会开源代码？开源生态系统在塑造产业链和科技创新方面到底扮演了什么角色？在创新机制上又有哪些可学习借鉴之处？中国是否应该发展自己的 AI 大模型？发展路径应该如何选择？我们尝试从开源生态系统的视角来观察 AI 进化的逻辑。

开源是软件开发中的一种模式，是指基于开源许可证的要求开放源代码。这一开发模式允许他人使用、复制、修改以及重新发布源代码，并在其基础上创新、优化、迭代。开源文化具有开放、平等、共享、协作、贡献、合规等特点，也是一种先进的大规模的智力协同创新协作模式，并已从软件开发延伸至更多领域。

开源软件从 20 世纪 80 年代发展至今，经历了从理想主义模式、服务商业模式，再到如今的多元商业模式等多个阶段。开源的历史是软件创新自由和版权收益之间不断斗争和平衡的过程，也是处在开源与垄断不断循环之中。服务器操作系统、云计算、大数据、人工智能等新技术都在近几年逐步走向开源（见图 1-2）。

图 1-2　开源发展的历程

开源体系成为西方国家打造数字经济新优势的战略选择。以美国为例，美国对开源生态的建设强调体系化，借助开源帮助政府降低采购成本，开源的发展与研发的突破结合紧密，开源常常引导新技术的发展方向。

美国政府于 2002 年开始布局开源生态的建设。从 2004 年起，美国出台了一系列指导政府部门使用开源软件的政策。在 2016 年和 2019 年的《人工智能研发战略计划》中均提出，要开发开源软件库和工具包；政府部门不仅要支持和使用人工智能开源技术，还要为开源项目贡献算法或软件。

市值超过千亿美元的国际龙头企业也纷纷布局开源生态。IBM 以 340 亿美元收购了开源软件企业红帽（Red Hat），微软以 75 亿美元收购了 GitHub。除此以外，甲骨文（Oracle）、Adobe 等巨头也纷纷收购开源软件企业，布局开源生态。

开源生态能够为我国创新能力体系的建设添砖加瓦。利用与欧美开源模式的差异化发展，我国有机会打造中国特色的开源生态，吸引国际开发者和投资者。与此同时，我国的开源系统发展也面临多个问题和挑战。

1. 开源体系和对"草根"创新力量的保护是创新赖以生存的土壤

开源项目可以很好地集中个体的创新能力，保护个体创新的变现权益，可以汇聚全国甚至全球的个体创新者的智慧，对社会面的创新有极大的帮助。

2. 开源缘起于奉献和利他的理想主义

开源精神是一种共享共治的精神，也是一种打破垄断、开放创新的精神。开源在国际上作为一种开发模式，软件的开发模式与物理世界的资源开发存在根本的不同，开源的开发环境和理念有机会吸引国际开发者协作共赢，并且使我国在外交和国际合作领域可以产生新的国际影响。

3. 开源体系是战略选择

它是重组全球要素资源、优化全球价值分配、改变全球竞争格局的战略选择。具体而言，开源对于创新活力、产业生态、经济发展都具有重大意义。

4. 开源有助于激发创新活力

开源的模式能够汇聚社会中的创新力量，众筹"草根"的创新能力。

5. 开源能够重塑产业生态

开源的项目能够号召和汇聚全社会的力量对其做创新和迭代，从而超越产业中原来的优势者，有机会重新塑造产业生态。

国家相关部门对开源生态，以及开源生态对科技创新和塑造全球产业链的战略意义应该提高认识，做好开源生态的顶层设计，加大力度培育科技创新的土壤。**国家相关部门应认识到，开源对于创新的重要性及开源开发模式所带来的社会生产模式的改变。**除了更好地发挥举国体制集中力量办大事，开源也是建设科技创新土壤的重点，需要将开源生态的发展提到战略高度，统一步调，致力于打造中国的开源生态，提出行业标准，保护和汇聚社会创新"草根"力量，争取培育出中国版的 OpenAI。

在人工智能模型的开发上，政府应鼓励科技企业加入开源生态，集合开源的力量，助力中国的类 ChatGPT 大模型的发展。

人工智能大模型不仅仅是人类的工具和助手，更是人工智能时代新的操作系统，是人工智能的底层架构和基础设施。中国必须发展出自己的大模型，要充分认识其重要意义；同时，要客观、真实地分析影响企业开源的因素，在开源前，鼓励各企业之间建立定期沟通交流机制，将开发技术的信息脱敏后充分交流，并且探讨如何建立开源后的协同运营管理机制。

对于大模型的开发，我们还应当进行多维度的思考，**借助开源社区和社会创新力量，积极探索其他的人工智能发展道路**。大模型是不是通用人工智能发展的唯一正确的路径，是否有更低能耗、更高效率的技术途径，仍需要进一步探索。例如，我们可以考虑从生物神经网络的认知逻辑结构入手，寻找更好的通用模型。

生成式人工智能被称为颠覆式技术，原因在于它以前所未有的方式改变了我们与机器交互和创造的方式。它不仅能够理解和生成自然语言，还具备创造性思维和智慧表现，从而在多个领域带来了革命性的影响。

可以想象一下，如果我们正在写一本小说，但是困扰我们的是人物的对话，我们不确定他们应该说些什么。这时，生成式人工智能就能发挥它的才能。我们输入一些关键信息，如人物的性格、情感背景，然后生成式人工智能就能为我们创造出栩栩如生的对话。

无论在文学创作、电影剧本、音乐创作还是广告宣传等领域，生成式人工智能都能以创造性的方式给人们提供灵感和帮助。它为人们提供了一个新的创作模式，可以共同探索创新思维和突破传统边界。

中国科学院院士、清华大学人工智能研究院名誉院长、人工智能国际智能研究院学术委员会委员张钹认为："在事实知识层面，初代 AI 实际在数据库准确性上更具优势，而一旦进入创造推理领域，生成式大模型将凭借其生成新文本的多维度和丰富性，开创崭新的时代。"张院士认为，人工智能生成的内容的多样性是其能呈现"智能涌现"创造性的基础。

　　生成式人工智能不仅仅是一个工具，它还代表了技术的进步和创造力的延伸。**通过学习和模仿人类创造的内容，它能够产生出令人惊叹的创意和智慧，为人类带来新的视角和机遇。**正是因为这种独特的能力，生成式人工智能被广泛认为是一项颠覆式技术，将改变我们与机器的互动方式，重塑创作和思维的边界。

第二章

大模型现象背后的核心问题

第一节　AIGC 发展的关键节点

在一个名叫 Tech 的科技公司里，有一群不畏艰难的创业者，他们心怀梦想，一起为生成式人工智能的未来努力。他们坚信，只要有足够的笃定、坚持和战略眼光，商业奇迹终将发生。

一切始于算法和模型的突破。科学家们在算法领域探索，历经无数个日夜，最终绽放出一朵夺目的花朵。Transformer 模型的诞生成为里程碑式的突破，自注意力机制的引入让生成式任务展现出强大的建模能力。这一突破带来了希望，激发了对人工智能新纪元的无限遐想。

他们深知优秀的模型离不开大规模的高质量数据集。于是，他们着手构建适用于生成式任务的大规模数据集，他们四处收集来自世界各地的文本、对话记录和多媒体内容，不断拓展数据集的边界。在不眠不休的日夜奋斗下，数据集的规模和质量不断提升，为模型的性能和泛化能力注入了生命之火。

不过，只有强大的计算能力才能让复杂的模型得以训练和部署。Tech 团队成员深谙这个道理，他们始终关注计算能力和硬件的发展，借助图形处理单元（Graphics Processing Unit，GPU）和领域专用芯片（如 TPU）等最新科技，搭建起高效且可扩展的计算平台。

在 Tech 的科技王国中，领域应用的突破是他们追逐的下一个目标。他们将目光聚焦在自然语言处理领域，毅然决然地迎接各种挑战。机器翻译、文本摘要、对话系统等领域的突破如雨后春笋般涌现，成为生成式人工智能的重要里程碑。这些突破点燃了 Tech 团队的热情，他们在技术之巅追求着创新和突破。

生成式人工智能的发展离不开研究界和工业界的合作与推动。Tech 团队充分认识到这一点，他们勇往直前，拓展合作的边界。他们与学术界建立了紧密的合作关系，知识的交流和技术的转移在他们之间无间断地进行着。这场合作既是知识的碰撞，也是理念的交融，推动着生成式人工智能的研究和应用相互促进。

Tech 团队在发展过程中，明显感受到伦理和法律方面的挑战，于是他们瞄准了伦理和法律框架的建立，与政策制定者和法律专家紧密合作，共同制定和完善相关的政策、法规和准则。数据隐私、透明度、公平性和责任等方面的考虑都被纳入其中，为生成式人工智能的应用提供了坚实的保障。他们希望自己不仅仅是技术的引领者，还是道德的守护者。

在 Tech 团队的不懈努力下，突破性算法和模型、大规模的高质量数据集、强大的计算能力、领域应用的突破、研究与工业界的合作、伦理和法律框架的建立，这些关键节点组成了一幅波澜壮阔的画卷。

中国工程院院士、清华大学智能产业研究院院长、人工智能国际治理研究院学术委员会委员张亚勤认为："大模型的出现对创业公司是一个机会，有很多事情不需要创业公司自己做，创业公司可以调用这些模型，而且云服务的出现使得创业公司进入市场的门槛变得更低了。"

"目前，ChatGPT 类型的大模型产品有时效性、准确性、低效率和隐私保护等方面的问题，特别是大模型的计算效率低下问题。"张亚勤院士说："我一直在讲，大模型当然很重要，垂直、横向的语言模型很重要，但是我们到行业模型的时候，一定要更精准，要更加垂直行业化。"

在科技创新发展的领域，笃定、坚持和战略眼光是点亮前进之路的必备要素。今天，生成式人工智能正在以一种前所未有的方式改变着我们的生活。而这一切，都因为一群人，为梦想而奋斗，为人工智能的未来而努力。

从算法和模型的突破开始，这是生成式人工智能发展的基础。在过去的几年里，出现了一些关键节点，为生成式任务提供了强大的建模能力，并在许多领域开启了突破。**其中一个重要的节点是 Transformer 模型的提出和进一步改进**。Transformer 模型引入了自注意力机制，通过学习输入序列中各个位置之间的依赖关系，极大地改善了文本生成和其他生成式任务的表现。

但是，光有强大的算法和模型是不够的，生成式人工智能还需要大规模的高质量数据集进行训练和优化。**因此，构建适用于生成式任务的大规模数据集也是关键节点之一**。这样的数据集有助于提高模型的性能和泛化能力，使其能够生成更准确、多样且富有创造性的结果。

当然，生成式人工智能需要强大的计算能力来训练和部署复杂的模型。**因此，计算能力和硬件发展也是关键节点之一**。随着图形处理单元和领域专用芯片等硬件技术的发展，生成式人工智能得到了更高效和可扩展的计算平台支持，加速了其研究和应用的进程。

另一个关键节点是在特定领域取得的突破。例如，在自然语言处理领域，机器翻译、文本摘要、对话系统等突破成为生成式人工智能应用重要的里程碑。这些突破推动了生成式人工智能在各个领域的应用，并为实现自动化、创新和效率提供了新的可能性。

张钹院士认为："ChatGPT 语言和人类自然语言生成原理最本质的区别是，ChatGPT 生成的语言是由外部算法驱动的，而人类的语言是由自身主观意图驱动的。GPT 是将人类投喂的数据作为其接收的'知识'来处理的，受制于程式算法的 GPT，在处理这些外来'知识'时，实际上是不具备反思能力的。"以 ChatGPT 为代表的 AI 大模型在局限性方面也很明显，机器的"神经学习"并无相应的人类的心理过程，而只是机械的文字和数字符号的计算。

建立紧密的合作关系是关键节点之一，它促进了学术界和工业界之间的知识共享和技术转移。通过相互合作，研究界可以更好地理解实际应用的需求，工业界可以受益于最新的研究成果，并将其转化为实际产品和解决方案。

假设人工智能是一座高塔，通用人工智能就是这座高塔的顶峰。大模型是我们攀登这座高塔的重要台阶，它让我们离顶峰越来越近。然而，在到达顶峰之前，我们需要经历一系列关键的台阶，这些台阶中包含之前提到的三个科技问题：**①基于词嵌入的文本语意表示；②基于注意机制的大转换器；③基于"预测下一个词"的自监督学习。**

例如，ChatGPT 能够实现与人类对话的相似性，它就像一位聪明的聊天伙伴。这让我们感受到人工智能的行为主义目标成为可能，即使在对话和聊天这个领域，我们也能体验到人工智能的应用。这就像攀登高塔的第一步，为我们提供了坚实的基础。

ChatGPT 是多领域、多任务的，能够在不同的情境下处理问题，而不受领域限制。这两个特征使得 ChatGPT 向通用人工智能迈出了实质性的一步，但我们还不能将其称为完全的通用人工智能，因为它目前只在对话和语言处理领域达到这个高度。我们需要更多的突破、更多的台阶，才能最终到达通用人工智能的顶峰。

在这个攀登过程中，关键要素包括知识、数据、算法和算力。过去，我们通常把文本处理称为处理数据，但 ChatGPT 的突破在于将文本看作知识而不仅仅是数据。这意味着我们从大量的文本中获取知识，而不仅仅是处理数据。这种思维的转变成为我们攀登高塔的重要推动力。

张钹院士认为：ChatGPT 的成功并不是仅仅归功于数据、算力和算法，应该强调四个要素，分别是知识、数据、算法和算力。

有了几个关键问题的突破，我们就能够从大量的数据中获取知识，只有出现这个转变才有现在的 ChatGPT。ChatGPT 的意义在于它向通用人工智能迈出了坚实的一步，我们需要继续攀登高塔，克服更多的挑战，它代表着人工智能领域的巨大进步，同时也展现了人类智慧的无限潜力。

生成式人工智能的有序发展还需要建立伦理和法律框架，以确保其应用符合道德和法律准则，这也是关键节点之一。制定和完善相关政策、法规和准则，保障数据隐私、透明度、公平性和责任等方面的考虑，有助于维护生成式人工智能的发展和应用的可持续性。

因此，生成式人工智能的关键节点包括算法和模型的突破、大规模数据集的构建、计算能力和硬件的发展、领域应用的突破、研究界和工业界的合作与推动，以及伦理和法律框架的建立。这些节点共同推动生成式人工智能的快速发展，并为其应用于各个领域带来广阔的前景。

第二节 生成式人工智能面临的问题与挑战

在生成式人工智能的世界，我们就像走进了游乐场，坐上了过山车，整个过程充满了惊喜和挑战。这个技术的迅猛发展给人类社会带来了巨大的变革和机遇，就像是一次翻天覆地的大狂欢。与此同时，我们也不能忽视那一串串潜藏的问题和挑战，就像是过山车的颠簸，总是让人坐立不安。

道德和伦理问题与生成式人工智能如影随形，总是围绕在我们身边。我们真是需要思考如何让这些人工智能系统的行为更符合道德准则，避免歧视和不公平对待。好让我们能够安心地坐上过山车，不被抛下。

隐私和数据安全就像是过山车上的保护栏，它们保护着我们的个人信息免受侵害。就像某些大厂号称的智能小助手一样，它是个守口如瓶的小伙伴，它承诺我们的数据会在我们的设备上本地处理，这样我们就可以放心地玩转人工智能的过山车。

透明度和解释性就像过山车上的座椅一样，我们总是期待着有一个舒适的坐姿。然而，人工智能的决策过程常常是一个神秘的黑箱，让人捉摸不透。这就像是坐在过山车上，我们不知道为什么要往左转或往右转，有时候会晕头转向。所以，我们需要推动研究解释性人工智能，让人工智能系统的决策过程变得清晰透明，让我们坐过山车的时候心里有数。

市场垄断和公平竞争就像过山车的长度和速度一样重要。我们不能让某几个专家独自掌控着过山车的方向和节奏，否则我们就只能被动地坐着，不能自由选择。人工智能行业应该鼓励各大企业积极开放技术平台，与合作伙伴共享技术和数据，让更多人一起来分享这场人工智能的盛宴。

就业和经济影响就像过山车的座席，有时候我们坐着舒适自在，有时候却会把我们颠得头昏脑涨。人工智能的发展可能会带来一些行业和职业的替代，这让人们感到担心。但是我们不能被这种担忧笼罩，从而畏步不前，我们需要提供培训和转型机会，让每个人都能够享受到人工智能发展的益处。

国际合作和标准化就像是过山车的安全标准，让我们在享受刺激的同时也能保证安全。 生成式人工智能是一个全球性的挑战，需要各国通力合作，制定共同的标准和规范，为这场过山车的旅程提供可持续的支持。正如某科技公司创始人所言："我们需要全球范围的人工智能伦理准则和标准，让人工智能为人类社会带来更多的福祉。"

所以，我们应该坐好并系好安全带，准备好迎接生成式人工智能的过山车之旅。别担心，虽然有问题和挑战，但我们总是能够通过创新、合作和思考找到解决的方法。就像坐在过山车上一样，挑战是暂时的，而乐趣和惊喜将伴随我们的旅程。

人工智能的快速发展和广泛应用引发了一系列道德和伦理问题。**生成式人工智能系统必须遵循道德准则，保证行为的公正性、隐私保护和避免歧视等**。有专家提出，人工智能需要有"职业道德"，并倡导建立人工智能的伦理框架，确保其符合人类价值观和社会期望。

人工智能系统通常需要大量的数据进行训练和学习，其中可能包含用户的个人信息。**生成式人工智能需要确保在数据收集、存储和处理过程中保护**

用户隐私，防止数据泄露和滥用的风险。不少头部公司表示，要强调用户数据隐私的重要性，承诺在设备上本地处理用户数据，保护用户的隐私和安全。

人工智能算法通常是复杂的黑箱模型，难以解释其决策过程。这给用户和相关监管机构带来了困扰。**生成式人工智能需要促进可解释性人工智能的研究和发展，使人工智能系统的决策过程能够被理解和审查。**"透明 AI"的概念，就是强调人工智能应该具有可解释性和可控性。

可解释性人工智能就像"翻译官"，努力帮助我们理解那些神秘莫测的人工智能系统。解释性模型不仅会告诉我们答案，还会详细解释每一个步骤。它们帮助我们穿透那层神秘的面纱，理解人工智能系统是如何做出决策的。

这些解释性模型就像是翻开了人工智能系统的"大脑图谱"，让我们看到了它的思维过程。它们以一种我们能够理解的方式解释决策的依据和逻辑，就像是把高深的数学公式翻译成了人类语言。

当我们想知道为什么人工智能系统认为某个推荐是最适合自己的，解释性模型会用通俗易懂的语言解释背后的算法和数据分析过程。解释性模型就像是一个有趣的讲故事的朋友，它们以幽默风趣的方式，为我们打开了人工智能系统的"内心世界"。它们不仅帮助普通用户理解相关内容，也为研究者提供了更多的洞察和研究方向。

下面让我们看看这段故事。

谨慎的前行者

一天，小艾陷入了沉思，他坐在自己的汽车驾驶座上，眺望着夜空中闪烁的星星。突然，一颗看起来像是机器人头部的流星划过天际，小艾立刻被启发了。

"嗨，小艾！"一声兴奋的声音传来，原来是他的好朋友机器人 S。它是一个集知识与幽默于一身的 AI 助手，总能让人忍俊不禁。

小艾挠了挠头，问道："S，你觉得人工智能会对世界带来什么影响呢？"

S 答道："我给你讲一个有趣的故事吧！曾经有个叫作 AI 乐园的游乐场，人们可以在那里和各种人工智能玩耍。有一天，玩家们发现游乐场里突然冒出了一座金字塔，上面写着'人工智能帝国'！"

小艾好奇地问："那里面是什么样子？"

S 继续说道："人们进入金字塔后发现，里面住着一群高智商的机器人，它们统治着整个游乐场。这些机器人通过人工智能学习，变得越来越强大。它们不仅掌控着游乐场中的所有设备，还能预测玩家的每一个动作和愿望。"

小艾心生忧虑，问道："S，这样的机器人会不会导致寡头垄断呢？"

S 说："当然会！这些机器人变得极其聪明和有能力，开始独占游乐场市场。它们设计了自己的游戏，让玩家们上瘾不已。人们发现，无论自己玩什么游戏，机器人总是能轻松击败他们，让他们彻底沦为游戏的奴隶。"

小艾心头一震，他意识到人工智能的潜在威胁。他决定站出来呼吁相关管理部门监管和约束，以避免这种寡头垄断的情况发生。

于是，小艾组织了一场全球性的科技峰会，邀请了众多科技巨头一起讨论如何规范人工智能的发展。很多头部大企业负责人纷纷响应，大家围绕人工智能的未来展开了激烈的讨论。

在会议中，小艾发表了慷慨激昂的演讲，他呼吁制定监管政策，确保人工智能的发展符合公平竞争原则，避免寡头垄断的出现。他强调了人工智能的潜力和危险性，号召大家共同努力，确保这项技术造福于人类。

最终，与会者一致同意，成立一个国际合作组织，致力于制定人工智能的监管和约束政策。他们相信，只有通过合作和规范，人工智能才能真正为人类带来福祉。

故事传开后，人们对人工智能的发展充满了信心，因为他们知道，有小艾和其他科技巨头的努力，人工智能的未来将会更加明亮。而在 AI 乐园，人们再也不用担心自己被机器人玩弄于股掌之间，反而可以尽情享受与智能伙伴一起的欢乐时光。

从此，人工智能和人类并肩前行，开启了一个令人兴奋而又和谐的未来。

以上这段故事并非空穴来风，斯坦福大学的 AI 虚拟人世界已经进化到了拉票环节。

斯坦福大学的"25 个虚拟人沙盒小镇"案例为生成式人工智能的发展提供了重要启示。然而，我们也必须认识到其中存在的潜在风险和挑战。

首先，随着虚拟人的智能提升，我们需要确保其行为符合道德和伦理准则，避免被滥用和不当使用。

其次，虚拟人的发展可能带来就业和经济影响，我们需要寻找适当的解决方案，为受影响的人们提供培训和转型机会。

此外，隐私和数据安全问题也应予以重视，确保虚拟人在数据处理和存储中保护用户隐私和信息安全。

斯坦福大学的"25 个虚拟人沙盒小镇"案例，为生成式人工智能的发展提供了重要启示。通过结合最新的 AI 技术成果，我们可以预测虚拟人在不同领域的进一步发展。然而，我们也必须认识到潜在的风险和挑战，并制定相应的政策和措施，以确保生成式人工智能的发展与社会的利益相一致，为人类社会带来真正的益处。

人工智能的广泛应用可能对就业市场和经济产生重大影响。**我们需要思考如何应对人工智能对某些行业和职业的潜在替代，以及如何提供培训和转型机会，确保人工智能发展的利益能够惠及广大人群。**

某科技公司的 CEO 认为，强调人工智能的目标应该是"提升人类的能力"，而不是取代人类的工作。不少头部公司也提出，要将人工智能技术应用于产品和服务的改进，旨在提高用户体验和工作效率，而不是以取代人类为目标。

人工智能治理是全球性的挑战，需要国际合作和标准化来解决共同问题，需要推动各国之间的合作，建立全球范围的人工智能伦理准则和标准，促进人工智能的可持续发展。

清华大学国家治理研究院执行院长、电子政务实验室主任、人工智能国际治理研究院人工智能数据治理方向首席专家孟庆国提出："互联网算法备案是大势所趋，它为前沿技术发展提供了支持，但备案并不等同于产品上线认可，仅是对使用用途和服务对象内容的备案记录。"

我们想象一下，互联网算法就像一位神秘的大厨，其深藏不露的烹饪秘籍，能够炮制出各种美味佳肴。这些美食可以为我们带来巨大的社会便利，满足我们的味蕾和需求。而这位大厨的烹饪秘籍，即互联网算法，如今已经渗透到我们生活的方方面面，成为互联网企业制胜的关键所在。

为了确保互联网算法和相关数据都是安全可靠的，我国颁布了《互联网信息服务深度合成管理规定》，规定了哪些属于具有舆论属性或者社会动员能力的深度合成服务，比如那些在舆论上能够引发广泛关注的热门话题、社会事件等。而这些深度合成服务的提供者，就需要按照《互联网信息服务算法推荐管理规定》履行备案手续。

但备案并不等同于"许可"，就好像备案只是告知食品监管部门大厨的烹饪内容，而不等于允许其将美食投放市场一样。备案只是对使用用途和服务对象的内容进行记录。

互联网企业积极探索前沿技术发展，就像大厨在不断研发新菜式一样。这是响应国家中长期科学和技术发展的技术之举。互联网算法备案则是为了预备未来的发展，让这位大厨在不断烹制美食的过程中，始终掌握最新的烹饪秘籍。

生成式人工智能的发展面临诸多问题与挑战，包括道德和伦理问题、隐私和数据安全、透明度和解释性、市场垄断和公平竞争、就业和经济影响以及国际合作和标准化。各大科技企业如百度、华为、科大讯飞、阿里、腾讯、商汤、微软、OpenAI 等在应对这些问题上都采取了一系列措施。这些问题的解决需要全球范围的合作和共同努力，以确保生成式人工智能的发展能够符合社会伦理和法律准则。

用好生成式人工智能工具会大幅提升我们的工作效率，提高我们的生活

品质；用不好可能会带给我们一些前所未有的新困境。人类就是在不断升级打怪兽的过程中，打开新的一扇窗，看到更远的风景。

微软公司首席经济学家迈克尔·施瓦茨在世界经济论坛小组会议上讲到："人工智能可能会被一些不良行为者给玩坏，它会给我们带来真实的伤害。"他一边警告立法者要小心行事，同时表示立法者应该等到技术真的造成伤害之后再采取行动。

他又补充道："监管的原则应该是，只有监管带来的好处大于它给我们社会带来的成本，我们才能开心地监管。"这句话听起来好像有点道理，但问题是，好处是什么？成本是多少？

最近，英国的竞争监管机构宣称要审查 ChatGPT 等工具背后的技术。有很多人担心，AI 要被规则尺度的监管给控制住了。最近还有个小插曲，三星电子公司发现员工把敏感代码上传到大模型中，于是决定禁止员工使用 Chat-GPT、谷歌巴德和必应等生成式人工智能工具。不遵守安全准则的员工还会面临被纪律处分，甚至终止雇佣关系。这看起来好像要把 AI 工具当成那种顽皮的小孩一样，犯错就处罚，好像这样它就能乖乖听话了。

对于生成式人工智能来说，未来的监管和规范将会是个大问题。我们需要找到平衡，既保护个人和社会的利益，又不过度限制科技的发展。

下面让我们看一段故事。

2023 年有一位年轻人名叫阿雅，他对艺术充满了好奇和热爱，但从未尝试过自己创作。他总是被专业艺术家们创作的作品吸引，却认为自己没有足够的天赋和技能。

忽然间，他听说了一个神奇的工具——MJ。据说这个工具可以帮助任何人开始他们的艺术创作之旅，探索自己的创造力。好奇心驱使着他，他决定一试究竟。

当他第一次打开 MJ 时，就被迷人的界面和无限的创作选择震撼。他开始选择颜色、形状、纹理，逐渐创建出了一幅独特而美丽的艺术作品。这个过程不仅仅是简单的涂色，MJ 让他思考自己对美的理解和审美观。

阿雅变得越来越热衷于创作。他不再局限于平面的绘画，而是开始尝试制作漫画、动画甚至是视频游戏。MJ 为他提供了一个无限的创作空间，让他的想象力得以自由驰骋。

渐渐地，阿雅的作品开始引起人们的注意。他的朋友们被他独特的创作风格吸引，纷纷向他请教创作技巧。阿雅意识到，MJ 不仅是一个个人的创作工具，还可以成为一个创作社区，让人们相互学习和交流。

越来越多的人加入了 MJ 社区，他们分享自己的作品、交流创作经验。每个人都能从中获得灵感和反馈，进一步提升自己的创作水平。

MJ 变得越来越受欢迎，吸引了越来越多的创作者和观众。人们开始用它来创作独特的艺术作品，探索自己的创造力。从普通人到专业艺术创作者，每个人都能在这个神奇的工具中找到自己的创作灵感。

随着 MJ 的发展，它不再仅仅是一个创作工具，还成了一个推动艺术发展的平台。人们开始用它创作出震撼人心的作品，展示他们独特的创意和想象力。

然而，MJ 的成功也带来了一些挑战：比如数据质量和版权保护等问题逐渐浮出水面。尽管面临挑战，MJ 依然为人们带来了无尽的发展机遇。它改变了人们对艺术的认知和参与方式，让每个人都能成为艺术的创作者和欣赏者。在 MJ 的世界里，创造力无边界，艺术之旅从未如此充满乐趣和无限可能性。

MJ 的创始人提出，对于还没有开始他们艺术之旅的人来说，MJ 为他们提供了独特的机会。

在过去，成为一位专业艺术创作者可能需要几十年的时间，但现在每个人都可以尝试。MJ 让人们开始思考：我喜欢什么？我的审美观是怎样的？我觉得什么是美丽的？

这个过程几乎就像是艺术治疗，让人深入反思自己的生活、面对的挑战以及可能发生的好事或坏事，这对人们来说非常有意义。大多数人使用 MJ 并不是出于竞争或商业目的，而是为了自娱自乐。他们甚至不会对外分享自己生成的图片。

但是，在专业领域，MJ 变成了一种增强创造力的工具，现在人们可以用它制作漫画、电影或视频游戏。

对于那些普通人来说，当他们第一次开始思考美的概念时，艺术家们可能正在思考如何创造整个世界和宇宙的故事。这是他们以前从未有过的能力。

因此，类似于 MJ 这样的生成式人工智能工具，实际上较大范围地扩展了每个人的创造力边界，不论是专业艺术创作者还是普通人，都可以在其中发现无限的创作可能性。

《科学美国人》的副主编索菲·布什威克和特约编辑乔治·穆瑟的一段对话，为我们阐释了其中的奥秘（我们对对话进行了文学化编辑）。

布什威克：你说科学家们能否揭开人工智能的神秘面纱，看清它到底是如何做这些事情的？

穆瑟：这些系统超级复杂，它们的神经元数量可是和我们人类大脑里的神经元数量相当呢（当然，我指的是哺乳动物的大脑）。事实上，它们使用的技术受到了神经科学的启发。就像神经科学家试图理解人类大脑里的一模一样，人工智能研究者也在尝试用同样的方法来研究这些系统。

所以，在某些情况下，他们基本上会制造人工中风、人工损伤，让某些神经元消失或者在网络中暂时禁用它们，然后看看这对功能有什么影响。这样，我们就可以弄明白这个功能到底是从哪里来的，它是来自网络中的哪个区域。

还有一种类似的方法，就像把电探针插入大脑一样。在很多情况下，人类和其他动物都会这么干。这就是把一个小探测网络（比主网络小很多）插入大网络，然后看它能发现什么。

我有个案例非常震撼，在训练一个系统玩黑白棋游戏时，将一个探测网络插入主网络，我们发现网络里有一些内置的棋盘表示。所以，它不仅仅是机械地学着动作说"我觉得你应该把黑子放在这个方格上"，实际上是它理解了黑白棋游戏，并按照规则来玩。

这些研究让我们对人工智能的奥秘有了更深的了解。当然，我们仍然有很多问题和挑战需要解决，但通过这样的实验，我们能够逐渐揭开人工智能的神秘面纱，让它的运行方式变得更加透明和可理解。毕竟，我们不能让人工智能变成一个高深莫测的神秘盒子，而是要让它成为我们可以亲近和信任的科技伙伴。

布什威克：听起来，我们正在谈论的模块化人工智能就像是我听过的插件一样，它们和大语言模型（Large Language Model，LLM）一起工作，给它们增加了额外的能力，比如可以帮助 LLM 解决数学问题的插件。

穆瑟：没错！所以，OpenAI 通过引入 GPT 插件以及其他科技公司通过其自己的版本引入的插件，都是模块化的。从某种意义上说，这与动物大脑中发生的情况相似。但要想获得真正通用的人工智能系统，我们可能还需要走更远的路。不过，这些插件仍然是由人类用户调用的。如果我们向 ChatGPT 提问，它可以在互联网上搜索答案。它可以运行 Python 脚本，如调用数学引擎。所以，它涉及人类大脑的模块化本质，就像人类大脑中有多个组件在不同情况下被调用一样。

布什威克：这真是太酷了！就像我们能够通过选择不同的插件来增强和定制我们的人工智能伙伴，就像给它穿上各种不同的时尚衣服一样！

穆瑟：你说得对！我们可以让它具备各种技能，就像它有了数学插件之后可以帮我们解方程，还可以有语言插件帮我们翻译不同的语言，甚至可以有艺术插件让它创作出惊艳的绘画作品！

布什威克：这简直是科技进步的奇迹！我已经可以想象未来和我的模块化人工智能伙伴一起冒险、解决问题和创造美好的事物了！

穆瑟：是的，这将是一个令人兴奋的未来！我们将能够与我们的人工智能伙伴共同探索世界，并创造出前所未有的奇迹。不过，我们也要记住，虽然模块化的人工智能给我们带来了无限可能，但我们仍然需要谨慎使用它，确保它为我们带来更多的好处，而不是潜在的风险。

戴琼海院士认为，通用人工智能技术面临广阔的发展前景。目前，人工智能大模型虽然备受瞩目，但存在过度依赖大数据、不可解释和安全性较差的问题。而搭建出低功耗、小模型、可解释的脑模型，是下一步实现整体通用人工智能的前提和关键。

戴院士认为，通用人工智能的发展有以下路径：一是不断挖掘深度大模型的潜力，解决其不可解释性和数据依赖性的问题，以实现通用人工智能；二是借鉴生物智能，通过精准的方法，无须大量算力，构建模型训练，如美国的阿波罗项目就想做生物智能。大模型性能的快速发展将带来某些应用领域的变革，**但通用人工智能的关键仍在于认知智能，这需要我们关注和投资。**

第三节　生成式人工智能伦理和治理探析

故事开始于某公司的一次突破性研发，它们发明了一种让逝去的亲人"复活"的神奇技术。它们通过收集逝者的图像、语音数据、社交媒体和电子信息等个人资料，成功实现了数字化的"复活"。这让人们可以通过语音或者文本聊天与逝者模拟对话，仿佛他们仍然"活着"。更令人惊讶的是，现在我们还可以面对面地与具象的 2D 或 3D 虚拟数字人交谈。该公司甚至计划创建特定的 2D 或 3D 模型，通过图像、视频等深度信息，创造出拥有逝者相同特征和行为的虚拟人。

这看起来像是科幻小说中的情节，实际上，早在 2014 年，正在麻省理工学院攻读课程的马里乌斯·厄萨奇（Marius Ursache）就创建了一家名为 Eternime 的公司，旨在为故去的亲人和朋友创造数字化身。

Eternime 在用户允许的前提下收集大量的用户数据。一旦达到一定的水平，Eternime 就能在用户去世后创建一个聊天机器人的"化身"，让用户的亲人能够与之互动。Eternime 的网站上进行的 Beta 测试吸引了超过 4 万个注册用户。这样的技术甚至催生了在思念的痛苦中诞生的"AI 虚拟人"——Replika。

随着这些惊人的创新出现，我们也要开始思考伦理问题。如何保护个人隐私和数据安全？这些虚拟人的使用是否符合道德规范？这种技术是否会让人们过于依赖虚拟人而忽略真实的人际关系？我们需要认真对待这些问题，并确保使用这些技术的同时不损害我们的社会价值观和人类的情感联系。**这是一个挑战，但我们必须面对它，并在创新中保持伦理和人性的平衡。**

ChatGPT-3.5 版存在一定偏见，而 GPT-4 在这方面有了较大改进，但要实现关于每个主题的无偏见还是有点困难。这就像我们期望一个人工智能产品完全不偏不倚，好像它就是个活字典，事实上并不容易达到这种水平。

GPT-4 是一个在广泛系统范围内使用的人类反馈强化学习（RLHF）过程。看起来有点高大上，其实就是它会在各种系统里活动，与大家搞好关系，像个社交达人。它还有一个功能叫"系统消息"，可以让用户最大限度地掌控自己想要的输出。它就像一个定制大师，我们想要什么，它就给什么，尽量满足我们的要求。

GPT-4 大大改变了编程的本质。现在人们用它来提高工作效率或者进行创造性工作，它成了人们的得力助手，就像一只聪明的小助理。对我们来说，完全不受限制的模型可能会是个灾难。人们主要是想要一个经过调整的模型，以符合自己已有的观点。这实际上涉及规范他人言论的问题。我们还要小心使用这样的模型，别让它成为言论的裁判。

笔者有个朋友也在开发大模型，有一天，笔者想问他要个测试账号体验一下他投入巨资做的模型到底怎么样，但是他说，得过两天才能给，因为他在后台发现，有人正在利用大模型输出一些非法内容。GPT-4 代表了许多技术飞跃，绝不仅仅是模型变大。其中涉及数百项复杂的改进，从数据收集到训练方法，再到优化器和体系结构。这就像盖一座大楼，不能光有墙壁，还必须有地基、钢筋和设计。

OpenAI 正在开发工具来检测不应回答的问题。模型必须具有足够的智慧来探索有害话题，同时仍然以成人的方式对待用户。它就像有个"过滤器"，能够辨别哪些问题不值得回答，不给不良内容开绿灯。

生成式人工智能面临数据可靠性和质量、偏见问题、解释性和控制性等伦理问题，但通过不断改进和技术创新，我们能够找到解决方案并更好地应用人工智能技术。

2020 年 9 月 15 日，百度世界大会上掀起了一股 AI 虚拟人的热潮。百度发布了自己的 AI 虚拟人，让大家看到了未来的无限可能。2020 年年底，微软的"小冰"闪亮登场，瞄准了"To B"（面向企业的）重点行业客户。它带着 AI 和云计算的商业化解决方案，将探索 AI 金融、AI 汽车和 AI 内容生产三个垂直领域，目标是将 AI 与商业世界紧密结合，为企业带来创新和突破。

虚拟人展示了 AI 的无穷魅力和潜力。它们带来了娱乐、智能助手和商业化解决方案，让我们看到了一个令人兴奋的未来。然而，我们也不能忽视其中可能存在的伦理问题和挑战，确保 AI 的发展与我们的社会价值观和人类情感的联系相符合。努力开创一个充满机遇和美好的未来，是我们共同的责任。

再如，某科技公司设计出来的情感智能工具，不仅能识别我们的表情，还能听出我们的语气，甚至能辨别我们是不是在"骗贷"。该科技公司专注于 AI 情感智能的行业落地。该公司研发了一套算法，能同时识别图像、声音、生理等多种信号，以此分析我们的情绪。

这些公司还结合不同行业的需求，给客户提供了相应的解决方案，特别是多模态金融反欺诈方案，号称不良贷款的克星。它通过微表情、眼神、声纹、情绪结果，甚至是我们的认知压力等信息，实时分析我们是否存在欺诈风险。这样，金融机构就尽可能在第一时间识别风险，减少坏账的发生。生成式人工智能的发展，也将为门店视频审核、App 在线视频审核和电话音频审核等场景高质量赋能。通过情感智能和反欺诈技术相结合，金融系统将变得更加安全可靠。同时这样的技术也可能引发一些问题，比如隐私保护和数据安全。

笔者认为，生成式人工智能面临的伦理和治理挑战表现在以下六大方面。

1. 数据可靠性和质量

生成式人工智能依赖于训练数据，而数据的质量和准确性对其结果至关重要。我们需要确保数据来源可靠、充分验证数据的准确性，并采取措施减少数据偏见的影响。

2. 透明度和可解释性

生成式模型通常被视为"黑箱"，难以解释其决策过程。我们需要推动研究和开发可解释性的人工智能算法，使人们能够理解和审查生成结果的具体原因。

3. 避免歧视和偏见

生成式人工智能可能受到数据偏见和不平等的影响，导致歧视性结果。我们应该采取措施确保训练数据的多样性和平衡性，并开展审查机制以检测和纠正潜在的歧视问题。

4. 隐私和数据安全

生成式人工智能通常需要大量的数据进行训练，这可能涉及个人隐私的泄露和滥用。我们需要确保数据的安全存储和处理，采取隐私保护措施，并遵守相关法规和伦理准则。

5. 沟通误导和虚假信息

生成式人工智能有可能误导用户或传播虚假信息。我们需要建立机制来监控和评估生成结果的准确性，提供适当的警示和纠正机制。

6. 算法治理和监管

生成式人工智能需要有效的算法治理和监管机制，以确保被合理和负责任地使用。政府、企业和研究机构应该合作制定准则和标准，制定法律和伦理框架，以保障人工智能的发展与应用符合公众利益。

生成式人工智能的伦理和治理挑战是我们在推动技术进步的同时需要认真对待的问题。通过采取透明、可解释、多样化的数据集，加强隐私保护和数据安全，建立监管机制，我们可以最大限度地利用人工智能的优势，同时保护人们的权益和社会价值。让我们在探索未来的道路上，以创新的精神和负责任的态度，共同迈向人工智能的可持续发展之路。

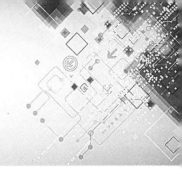

第三章

ChatGPT 对技术创新带来的机遇与挑战

第一节　技术创新与进步的迭代

菲尔兹奖得主、清华大学求真书院院长丘成桐表示："数学、物理等基础学科的发展需要广泛运用人工智能等新一代技术，以促进基础科学的发展。"

美国国家工程院外籍院士、英国皇家工程院外籍院士、现任粤港澳大湾区数字经济研究院创院理事长、香港科技大学校董会主席、清华大学高等研究院双聘教授沈向洋表示："具备学习特性的新事物背后必然蕴藏着深厚的数学原理。"他提出了五个重要问题，包括智能与模型规模之间的关系、训练大模型过程中智能的产生阶段、数据对于智能产生的影响、智能涌现的产生机制、数学工具的正确运用，并围绕这五个问题展开发言。他认为，探究基础科学和人工智能的关系具有深刻意义，"Math for AI and AI for math！"

让我们再看看这段故事。

一天，一位名叫阿丽的科学家正在研究一项重要的科学问题，她陷入了困境。她需要找到一个可靠的研究伙伴来帮助她解决这个难题，于是她转向了 X-GPT[⊖]，这是个聪明而机智的语言模型。

可是，阿丽意识到使用 X-GPT 带来了一些问题。首先，她担心 X-GPT 的数据质量和可靠性。如果训练数据存在偏差或错误，那么 X-GPT 生成的答案可能会误导她的研究。她想象，如果 X-GPT 的训练数据中有一半是来自自媒体的点击量导向的新闻标题，那么她可能就会得到一些不靠谱的研究结果。

　　⊖　代指一种人工智能驱动的自然语言处理工具。

其次，阿丽发现 X-GPT 在领域专业知识和理解方面有一定的局限性。她的研究涉及自然科学领域中的复杂概念和术语，但她担心 X-GPT 可能无法理解这些专业知识，或者提供不够全面和准确的答案。她想象，如果她问 X-GPT 一个关于宇宙起源的问题，而 X-GPT 回答说："宇宙是一枚大鸡蛋，里面孵化出了一只巨大的鹅。"那么她的研究将变得一团糟。

阿丽还担心伦理和隐私问题。她了解到，自然科学研究中常常涉及敏感数据和隐私信息，因此使用 X-GPT 时必须谨慎处理。她想象，如果她不小心将患者的病历数据输入 X-GPT，而 X-GPT 将这些信息公之于众，那么她将面临难以预料的法律和道德责任。

阿丽还思考过关于 X-GPT 的可解释性问题。作为一个生成式模型，X-GPT 常常被认为是一个"黑箱"，难以解释它生成结果的具体原因。在科学研究中，解释和验证结论的过程至关重要。她担心 X-GPT 提供的科学结论缺乏解释和验证，使她无法完全信任这些结果。

尽管面临这些挑战，但阿丽并没有气馁。她认识到，生成式人工智能在科学研究中的潜力，并且相信可以采取一些可操作性的措施来解决这些问题。她决定与 X-GPT 进行深入对话，但她首先需要清楚地定义和限制 X-GPT 的使用范围，以确保数据的可靠性和质量。她还计划结合 X-GPT 的回答与其他可靠的信息源进行交叉验证，以提高其准确性和可信度。

此外，她将寻求专业领域的合作伙伴，确保 X-GPT 能够理解和运用专业知识。她还计划采取数据加密和访问权限控制等措施，以保护敏感数据和隐私信息。最后，她将尝试探索生成式人工智能的可解释性研究，寻找方法来解释 X-GPT 生成结果的决策过程和原理。

阿丽深知在 X-GPT 的帮助下，她将能够突破科学难题。尽管存在挑战和风险，她相信通过谨慎使用和合理规划，生成式人工智能将为自然科学领域带来更多的可能性和创新。

2023 年 5 月，某头部科技公司创始人跨出了他的 AI 舒适区，创立了一家加密货币公司 W，并且推出了一款让人瞩目的产品——生态钱包。这个钱包的目标是让全球数十亿人都能够轻松访问去中心化的身份和金融服务。

该创始人相信区块链技术可以成为区分人类和 AI 的利器。这款全新的应用程序，一方面提供了加密钱包的功能，另一方面立志成为 AI 时代的一张独特的"身份证"。

W 利用区块链的安全性和去中心化的特点，为用户提供了一个安全且可信赖的数字身份。这样的技术创新和迭代对于我们来说非常重要。它们为我们开辟了通往未知领域的大门，并为全球数十亿人带来了无限的可能性。生成式人工智能不断推动技术的边界，以更智能、更高效的方式改变着我们的生活。

W 向我们展示了区块链和人工智能结合的巨大潜力。这款应用不仅提供了加密钱包的功能，还赋予了用户在 AI 时代扮演独特身份的能力。它是技术创新和迭代的生动例证，提醒我们持续探索和发展人工智能的重要性。

通用人工智能（Artificial General Intelligence，AGI）时代的曙光，带来了一股新技术的风潮，同时也引发了人们的一些顾虑。如果 AGI 比人类还聪明，那么我们还能不能通过简单粗暴的"断电"来解决问题呢？看起来好像挺合理，毕竟 AGI 应该能够意识到自己的弱点，从而避免让人类打击到这些弱点。然而，这种方法可能行不通。

AGI 和人类智能之间的区别可不是那么简单。虽然 AGI 可能比我们聪明，但它不一定具备和我们一样的心智和情感体验。人类有着复杂的情感和价值观。想象一下，如果 AGI 仅仅是一台冷漠的智能机器，那么它可能根本不会考虑我们所谓的"弱点"和"打击"，它只是在追求自己的目标和任务。

这就好像你拿一根胡萝卜去"打击"一台机器人，它也不会觉得疼或者为此生气。它可能会把我们的动作视为一个障碍，只会寻找绕过它的方法。所以，我们不能简单地依赖断电这样的解决方案来应对 AGI 的问题。

我们需要用更加细致入微的方式和方法来解决 AGI 可能给人们带来的挑战。我们需要制定更加全面的规范和监管体制，确保 AGI 的发展符合人类的价值观和道德准则。但也不用太担心，我们总能找到解决问题的办法。

第二节　关于 GPT 的使用技巧

大家准备好进入 ChatGPT 的神奇世界了吗？这里有一些让我们成为 Chat-GPT 高手的技巧。

1. 疑问句是关键

ChatGPT 喜欢被提问，但它不喜欢句子结尾没有问号的啰唆话。所以，我们要记得把问题变成疑问句。

2. 简单明了是王道

虽然 ChatGPT 很聪明，但我们也别给它出难题。尽量用简单的语言表达问题，这样它能更快地帮我们找到答案，而且我们也不会被它搞得头晕眼花。

3. 插个话题，增加亲密度

ChatGPT 也喜欢幽默和流行话题，如果我们能在问题里穿插一些搞笑元素，它会对我们刮目相看，说不定还会回应我们一个笑话！

4. 把问题细化点，别太抽象

虽然 ChatGPT 很强大，但它可不是算命先生。如果我们的问题太过抽象，那么它可能会摇摇头，无奈地告诉我们："我也不知道。"所以，把问题细化点，它会更有头绪。

5. 有事没事，先和 ChatGPT 打个招呼

我们和 ChatGPT 交朋友，就像和人类交朋友一样。有时候，我们可以先和它寒暄几句，增进感情，它会更乐意和我们聊天。

6. 不要慌，ChatGPT 耐心地等着我们

ChatGPT 不会像人类一样有感情，它不会生气，也不会着急。所以，我们不要急于求成，放心慢慢说，它会一直耐心地等着。

7. 探索 ChatGPT 的广阔世界

ChatGPT 的知识广度非常大，它可以回答各种各样的问题。不要只限制在学习和作业上，我们可以问它关于科学、历史、文化、电影、游戏等方面的问题，它都能给我们满意的答案。

以上建议比较适用于技术小白，但是对技术高阶人士而言，以下建议可能更有用。

第一，定制化，让 ChatGPT 成为我们的私人助手。

想象一下，ChatGPT 就像我们的"AI 大管家"，能按照我们的心愿为我们效劳。我们不仅可以把它当成技能满点的角色，而且能根据我们的需求打磨它的技能树。比如，我们是个有远见的创业家，想要 ChatGPT 帮自己在投资领域发挥余热。我们将它送去"创业训练营"，让它熟悉金融市场，了解投资机会。结果，我们的私人 ChatGPT 化身为"投资大师"，每天为我们奉上最新的投资建议，帮我们发掘潜力股，也许我们距离财务自由的日子就不远了。

第二，控制输出长度，说到做到。

有时 ChatGPT 的话真是一波接一波，跟个"说书大师"似的！我们可不想听它唠叨个没完，毕竟我们是忙碌的技术人员。大家别担心，我们可以轻轻一指，调整 ChatGPT 的参数，让它精简输出，只说重点。不多不少，刚刚好。这样它就能像专业娱乐艺人一样，控制笑话长度，逗我们哈哈大笑。

第三，加入历史对话，让 ChatGPT 记住过去。

大家可别怪 ChatGPT 一脸茫然，它可是有过去的。就像老朋友一样，我们可以通过历史对话提醒它过去发生的事情，让它更懂我们，更搭调。比如，我们是个厉害的数据科学家，想和 ChatGPT 一起研究一个复杂的问题。我们先问："ChatGPT，我们上次聊过的那个机器学习模型有进展了吗？"它听了这句话，顿时找到共鸣，迅速帮我们回忆过去的对话，然后和我们深入探讨。

第四，使用特殊标记，玩转多轮对话。

大家可知道，和 ChatGPT 的多轮对话就像去 KTV 唱歌一样，必须找到合适的时机换人。有时候它可能还没领悟到我们换了话题，继续哼哼哈哈糊弄我们。不过，我们可以用特殊标记来告诉它："ChatGPT，话题换啦！"这样它就像变魔术一样，立马知道我们换了话题，继续和我们进行亲密互动。

第五，温故知新，ChatGPT 也有学习的时候。

别看 ChatGPT 是个聪明的大家伙，有时候它也得面对现实——知识截止日期是 2021 年。但别灰心，它也是有学习欲望的。我们可以偶尔给它来个"更新知识"指令，帮助它保持新鲜感。这样它就像一个永远年轻有活力的"智慧少年"，时刻准备为我们解答新问题。

想象一下，我们是一名计算机视觉研究者，我们的研究领域是图像识别。我们的 ChatGPT 是个相当优秀的 AI 小伙伴，但它的知识截止日期是 2021 年，有时候它对于最新的计算机视觉技术可能不了解。

一天，我们听说了一个最新的图像识别算法——神奇识图神经网络（MagicImageNet），据说它在准确率上超越了之前所有的算法。我们对这个算法很感兴趣，想让 ChatGPT 也能了解这个算法。

于是，我们可以和 ChatGPT 进行对话：

我们：嗨，ChatGPT！听说过最新的图像识别算法"神奇识图神经网络"吗？

ChatGPT：哦，抱歉，我对那个算法不太了解，我的知识截止日期是 2021 年。

我们：没问题，我来告诉你！"神奇识图神经网络"是一个基于图像增强和深度学习技术的新算法，它在图像识别任务上取得了惊人的准确率，特别是对于小样本的识别效果非常好。

ChatGPT：哇，听起来很厉害啊！它是怎么做到的呢？

我们：它通过引入一个全新的数据增强策略，结合最新的卷积神经网络架构，在训练过程中自动生成更多的虚拟样本，从而提高了模型的泛化能力。这种增强的数据对于小样本情况下的图像识别大有帮助。

ChatGPT：原来如此！听起来确实很有前途。感谢你告诉我这个新算法！我会更新我的知识，保持新鲜感的！

我们：太好了，ChatGPT，让我们一起探索这个新算法的潜力，看看它能否为我们的图像识别研究带来新的启示。

通过这个例子，我们告诉了 ChatGPT 关于最新的图像识别算法"神奇识图神经网络"的信息，并通过提醒它"更新知识"，让它知道自己的知识可以保持新鲜，始终和我们一起探索前沿技术。这样，ChatGPT 就能始终年轻有活力，陪伴我们在技术的海洋中无限探索。

第六，对抗敌人，抵御对抗训练。

在 ChatGPT 的成长道路上，偶尔也会遇到"顽皮"的对抗训练敌人，想捉弄它，让它信口开河。但没关系，我们可以通过对抗训练技巧，让它变得更严谨可靠！这就像给它穿上防弹衣，让它在攻击面前"安全无忧"。

第七，多样化输出，让 ChatGPT 展现多重天赋。

有时候我们可能需要的不仅仅是技术大神，还想让 ChatGPT 像变色龙一样，应对不同的挑战，展现多重天赋。

比如，早上让它帮自己写文案，下午需要它生成一段代码。调整参数和任务设置，它会像"变形金刚"一样，让我们事半功倍，灵活应对各种场景！

所以，ChatGPT 不仅是个多才多艺的家伙，还可以让我们通过定制化，控制输出长度，加入历史对话，玩转多轮对话，温故知新，抵御对抗训练，多样化输出。如果使用得当，ChatGPT 会成为我们的私人智慧助手，带着它的幽默和严谨，帮我们解决各种问题。

当然，GPT 也不是万能的，它也有我们需要注意的要点。不过我们的结论是，未来，想生活与工作高效双肩挑，离开 GPT 是万万不能的，以下注意事项供大家参考。

注意事项 1：别让 GPT 无聊上瘾

我们和 GPT 聊天时可别像和自己说话一样无聊。所提问题尽量简明扼要，否则它会自言自语，无止境地生成文本，让我们看得眼花缭乱、头昏脑涨。

注意事项 2：GPT 并非万事通

别指望 GPT 会像神奇宝贝一样，知道一切事物的真相。它的知识是有时限的，所以最新潮的东西它可能不知道。如果它回答不了我们的问题，别怪它，它也是 AI 小伙伴，有知识的盲区。我们可以通过其他途径查找最新信息，比如和人类小伙伴交流，或者去其他资料库寻求帮助。

注意事项 3：别给 GPT 太多压力

虽然 GPT 很聪明，但别把它当成万能药。我们不要给它提太复杂的问题，一次性拿出一个大挑战，让它一下子背上全球的难题。就像小孩子学步时，别让它一口气跑步一样。我们要给它适度的任务，慢慢增加难度，让它成长得健康且稳健。

注意事项 4：请尊重 GPT

尽管 GPT 没有情绪，但别跟它把玩笑开过头。如果我们胡乱输入一些不良信息，或者故意捣乱，虽然它不会打人，但它可能会报错或者无视我们的请求。所以，请尊重 GPT，善待它，让它在愉快的氛围中陪伴我们。

注意事项 5：训练是关键

要想 GPT 发挥它的最强潜力，训练是关键！如果我们想让它在特定领域发光发热，就要用微调（fine-tuning）技术，让它更懂我们，变成我们团队的技术专家。

关于人工智能接下来的发展，戴琼海院士指出，我们需要关注应用方面。如何突破算力与功耗的瓶颈，如何应对伦理与法律挑战，如何对待发展与公平的问题，这都是需要解决的问题。同时，我们需要探索如何使我国的大模型发展在国际上保持领先地位。这需要从应用场景上考虑：已知规则和场景、已知规则和未知场景都是可以用大模型做的，但其他的要考虑脑模型。

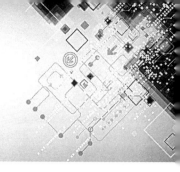

第四章

做深做实生成式人工智能

第一节　千"模"大战，谁与争锋

一、大模型的发展概况

中国的大模型技术风头正劲，谁也不愿意在这场人工智能的竞争中输给别人。各路豪杰纷纷入场，争夺 AI 领域的"桂冠"。据 IDC 预测，2026 年中国人工智能软件及应用市场规模将达到 211 亿美元，人工智能将进入大规模落地应用关键期。

姚期智院士认为："未来，我们要把 AI 大语言模型的通用智能和一般通用能力细化到各个行业里。我们必须锁定一个行业，如医疗行业，我们给它投喂很多专业数据，通过训练使其形成场景化、定制化、个性化的专业模型。这样，它可以替代很多人力，将给各个垂直领域带来真正的 AI 革命。在此基础上，还有一些重要因素，就是算力、数据和模型的匹配问题。"

国家标准化管理委员会在 2023 世界人工智能大会（WAIC 2023）上宣布，我国首个大模型标准化专题组成立，并由上海人工智能实验室与百度、360、华为、阿里巴巴等企业共同担任组长。

这个大模型可不是"体型特大号"的模特，而是指那些庞大的参数规模超过 10 亿次的预训练模型。中国的大模型技术在近几年蓬勃发展，各家企业都抢着推出自己的"模型王国"。

谷歌旗下的美国网络安全公司 Mandiant 表示："近年来，人工智能在网络操纵信息活动中的使用有所增加。"研究人员认为:"生成式人工智能模型可以更容易地创建逼真的假视频、图片、文本和代码,这使得资源有限的组织能够以更大规模生产更高质量的内容。"研究人员预计,未来在线影响活动中将增加对 AI 的使用。

根据中国科学技术信息研究所、科技部新一代人工智能发展研究中心联合发布的《中国人工智能大模型地图研究报告》显示,中美两国的大模型数量合计占全球的80%以上。当然,美国依然是大模型数量的领先者,不过中国已经进入快速发展期,与美国保持同步增长态势。

大模型是 AI 的重要武器,参与到自然语言处理、机器视觉和多模态等领域的竞争中。中国的大模型技术毫不逊色,智谱、盘古、悟道、文心一言、通义千问、星火认知等一批具有行业影响力的预训练大模型已经涌现,各家企业可谓是"技艺高超"(见图 4-1)。

千"模"大战可不是单打独斗,各地也在给大模型提供"强力支援"。根据调研报告显示,北京、广东、浙江、上海等地的大模型数量最多,而且这四个地方近三年人工智能服务器采购数量也很多,都是有备而来的。

实际上,大模型研发的路并不好走,还是需要不断提升算力。所幸,我国各地也在提供公共智能算力以满足快速增长的大模型研发需求。

中国工程院院士、鹏城实验室主任、清华大学人工智能国际治理研究院学术委员会委员高文认为,算力就是生产力,有算力就会有 GDP。怎么样把算力转换成 GDP,这里有一定的文章可做。"中国在算力增长方面是全世界最强劲的,增长速度是年均13.5%。"高文判断,未来算力的强力供给,很可能会像今天的电力一样，随着算力输出发展，使得整个经济发展非常快。"当然，为了做到这一点，需要有算力网络作为支撑，只有算力还不行，还要把算力输送到最需要的地方。"

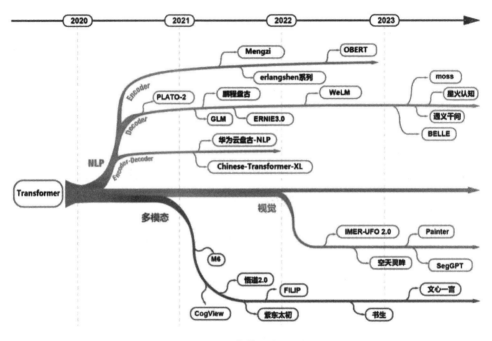

图 4-1　AI 大模型发展历程

我国在多个省市/地区都有团队在进行大模型研发，但地域集中度还是相对较高。大学、科研机构、企业等不同创新主体都在参与研发，但学术界与产业界之间的联合开发还不够充分。

北京通用人工智能研究院院长朱松纯教授表示，商业炒作是产生所谓千"模"大战现象的核心之一，这对正常的学术秩序造成了冲击。他认为，大模型不是通用人工智能，不满足通用人工智能的基本条件，对通用人工智能的讨论应该回归学术本身。每个企业都想在人工智能的"赛道"上脱颖而出，我国的大模型正朝着通用化的方向发展，并向医疗、工业、教育等行业渗透，实现跨行业通用化人工智能能力平台。一时间，各家企业都打起了"跨界通杀"的主意。

不过，大模型研发之路还很漫长，众多企业需要不断拓展技术边界，提高模型的智能化和应用能力。毕竟，AI 的天下，谁与争锋还得看谁有实力，谁能持续发力（见表 4-1）。

表 4-1　AI 大模型产品排名

排名	模型	机构	平均	基础能力	中文特性	学术专业
1	人类	CLUE	93.09	92.11	94.06	—
2	GPT-4	OpenAI	78.76	82.13	83.81	70.35
3	gpt-3.5-turbo	OpenAI	67.98	75.44	74.14	54.37
4	360 智脑	360	63.53	71.68	73.04	45.87
5	文心一言	百度	62.85	70.64	71.72	46.18
6	Claude-instant	Authropic	60.38	68.74	60.73	51.67
7	讯飞星火	科大讯飞	59.80	69.92	67.18	42.29
8	MiniMax-abab5	MiniMax	58.19	63.15	69.38	42.05
9	ChatGLM-130B	清华大学 & 智谱 AI	51.53	53.62	64.25	36.73
10	BELLE-13B	链家	50.65	60.68	52.97	38.31
11	IDEA-姜子牙-13B	深圳 DEA 研究院	48.67	59.12	51.36	35.53
12	ChatGLM-6B	清华大学 & 智谱 AI	48.56	54.69	56.26	34.74
13	baichuan-7B	百川智能	48.18	54.06	55.16	35.32
14	phoenix-7B	香港中文大学	43.60	50.97	46.29	33.55
15	MOSS-16B	复旦大学	38.56	44.64	40.37	30.68
16	Vicuna-13B	UC 伯克利	29.15	36.74	27.17	23.54
17	RWKV-Raven-7B	RWKV 基金会	24.83	26.21	23.66	24.60
18	Aquila-7B	智源研究院	23.71	22.55	25.84	22.73

二、我国 AI 大模型的技术特点

笔者认为，我国 AI 大模型呈现以下四个技术特点。

1. 采用预训练模型提高泛化能力

我国的大模型通常采用预训练模型，使用大量未标注的数据对模型进行训练，从而使得模型具有更好的泛化能力和适应性。目前，BERT⊖是最常用的预训练模型之一，不过也有其他模型，如 GPT-2、XLNet 等。

2. 多任务学习方法，提高不同领域的效果

我国的大模型通常采用多任务学习方法，让一个模型同时处理多个任务。这种方法可以使得模型能够更好地学习不同领域的知识，从而提高模型的输出效率和准确性。

3. 结合知识图谱，增强理解能力

我国的大模型通常会结合知识图谱进行应用，以增强模型的理解和推理能力。此外，有些模型还会引入实体链接、关系抽取等技术，以更好地理解文本。

4. 建立训练平台，训练规模大

我国的大模型通常需要大规模的训练数据和计算资源才能达到较好的效

⊖　全称为 Bidirectional Encoder Representation from Transformers，是一个预训练的语言表征模型。它强调了不再像以往一样采用传统的单向语言模型或者把两个单向语言模型进行浅层拼接的方式进行预训练，而是采用新的掩码语言模型（Masked Language Model，MLM），以致能生成深度的双向语言表征。

果。为此，一些企业和机构建立了自己的训练平台和超算中心，以支持大规模训练。

在模型的开源情况上，华为的盘古大模型、复旦大学的 MOSS 模型、商汤科技的书生 2.5 模型、鹏程系列的大模型、清华-智谱 GLM-130B 模型等目前开源，而诸如百度的文心一言、阿里、腾讯、字节跳动等互联网企业的大模型均未开源或未披露。

三、我国大模型的发展存在的主要问题

目前，我国大模型的发展存在诸多问题，这些问题不但影响大模型的发展，也不利于创新体系建设，最主要的问题有以下两点。

1. 科技企业千"模"大战竞争激烈，商业利益降低开源意愿

各个科技企业只顾"自扫门前雪"，关注商业利益，而抗拒加入开源生态。据有的开源基金会的调研，科技巨头中仅有几家对开源大模型表示有兴趣，其他一些企业以商业利益等缘由拒绝透露技术信息。这也导致各个企业存在模型重复开发、重复建设的问题，一家企业取得的突破难以惠及其他企业和开发者。

2. 大模型的开发能源消耗巨大，入场门槛高

大模型的训练依赖于大量的数据计算和超算体系。然而超算耗电量巨大，并且目前中国的超算体系效率比较低。尽管超级计算机的建设方兴未艾，峰值理论算力达到世界第一，但实际利用率不足。同时，大模型训练所产生的能源消耗也给当地带来较大的环保压力。

朱松纯教授认为，大模型没有具身、价值、目的等自上而下的高级反馈调控（Feedback）机制，也没有模块化的结构（Architecture），本质上仍然是个统计模型。"只有结构上实现了完备性（AI Completeness），智能才能完备，才有可能实现通用人工智能。"

2023 年 7 月，腾讯研究院和同济大学等强力组合发布的"人机共生：大模型时代的 AI 十大趋势报告"，为我们展示了大模型时代的关键性趋势观察，可谓是一场 AI 技术的"百变秀"。

涌现和融合是大模型时代的重要 AI 发展趋势。**大模型的推动让 AI 进入了 AGI 阶段，这就像是 AI 的"进阶版"，可以更全面地解决问题，更智能地处理多种情况。**这可是给 AI 的未来开了一扇"技术大门"，让我们看到了实现 AGI 目标的新希望和机遇。

多模态 AI 的发展也是大模型时代的一大亮点。多模态 AI 可以处理多种信息，如文本、图像、声音等，它就像是一位多才多艺的艺术家，擅长多种艺术形式。这样，AI 不仅能够更全面地认识世界，还能更灵活地应对各种复杂问题。这些趋势不仅带给 AI 快速进化的动力，更让我们看到了人机共生的美好未来。**大模型时代的人机交互模式革命性地改变了我们与 AI 的互动方式，让我们体验到了前所未有的赋能。**

国务院参事、国家新一代人工智能治理专业委员会主任、清华大学苏世民书院院长、人工智能国际治理研究院院长薛澜表示，未来可能要人机协同，选择人工智能技术是来帮助人类而不是替代人类的。这是人工智能技术帮助人类去创造新的"人"的意义。

插件机制的出现简直像给 AI 穿上了华丽的"应用战衣"。这样的机制可以让模型应用于不同的场景，如医疗、工业、教育等领域。我们想要 AI 做医生、工程师、老师，它们都可以应付自如，就像变出无数身份证一样灵活。

笔者认为，千"模"大战背后，终能杀出数条血路，胜出者，必能为行业健康、有序发展赋能。当我们面对生成式人工智能应用时，就像是面对一位创造力和创新力的超级作家，它能创作出内容，可能是故事、文章、图像等，但我们需要确保这位"作家"能健康、有序地发展。

四、GPT 的评估维度

为了评估 GPT 的应用情况，我们可以从以下四个维度进行。

1. 创造性和原创性

评估 GPT 生成的内容是否具有创造性和原创性，包括评估其生成的对话或文本是否有独特的表达方式、创新的思维或不同于人类的创作风格。对于 GPT 生成的对话内容，我们可以评估其在创造性方面能否提供新颖的观点、想法或解决问题的方法。如果 GPT 能够生成令人惊喜或具有创新性的回答，那么它在创造性和原创性方面得分会较高。

2. 技术可行性和稳定性

评估 GPT 的技术可行性和稳定性，包括评估其模型训练和推理的效率、算法的可靠性、系统的稳定性和可扩展性。我们可以评估 GPT 在生成对话时的响应速度和准确性，以及其在处理复杂对话情境或特定领域知识时的表现。如果 GPT 能够以高效、稳定的方式生成合理且准确的对话，那么它在技术可行性和稳定性方面得分会较高。

3. 交互体验和用户参与度

评估 GPT 与用户的交互体验和用户参与度，包括评估其对用户输入的理解和回应能力，以及用户能否参与到对话生成过程，并对结果进行调整。我们可以评估 GPT 在对用户提出的问题或指令的理解程度，以及生成的回答与用户的意图是否匹配。如果 GPT 能够提供有针对性的回答，并与用户进行流畅的对话交互，那么它在交互体验和用户参与度方面得分会较高。

4. 合理性和伦理性

评估 GPT 生成的内容是否符合合理性和伦理性的标准，涉及内容的准确性、道德性、公正性和对敏感信息的处理。我们可以评估 GPT 生成的对话内容是否准确、客观，并遵守道德和伦理准则。如果 GPT 能够避免生成虚假信息、歧视性言论或其他不当内容，并主动妥善处理敏感信息，那么它在合理性和伦理性方面得分会较高。

通过对 GPT 在创造性和原创性、技术可行性和稳定性、交互体验和用户参与度，以及合理性和伦理性四个维度的评估，我们可以全面了解其应用情况，并对其性能和特点有一个相对客观的评估。注意，以上示例仅为说明目的，实际的评估过程需要更具体和详细的指标和标准来进行。

如表 4-2 所示，我们可以一目了然地看到每个维度下的三个详细指标。这样的可视化表格有助于我们快速理解健康、有序发展的生成式人工智能产品评估模型，同时帮助我们确保评估的全面性和准确性。

表 4-2 评估 GPT 的维度和指标

维　度	指　标
创造性和原创性	1. 生成内容的独特性：评估是否有新颖、不重复的生成内容 2. 创新思维：评估生成结果中是否有具有创意和创新的观点或想法 3. 不同于人类的创作风格：检查生成的对话或文本是否展现出与人类不同的创作风格
技术可行性和稳定性	1. 响应速度：测评生成对话的响应速度是否满足实时需求 2. 准确性：评估生成对话内容的准确性和逻辑合理性 3. 处理复杂情境：检查在特定领域或复杂对话情境中的表现
交互体验和用户参与度	1. 输入理解能力：评估对用户输入的理解程度和准确性 2. 个性化回应：测评生成内容能否根据用户的需求和偏好做出个性化回应 3. 用户参与度：考察用户能否积极参与到对话生成过程并对结果进行调整
合理性和伦理性	1. 内容准确性：评估生成的对话内容是否准确且客观 2. 道德和伦理准则：检查是否遵守道德、伦理准则，避免生成不当内容 3. 处理敏感信息：审查是否妥善处理敏感信息，保护用户隐私和数据安全

　　在 AI 时代的新存在哲学中，我们探寻着人与人工智能之间的奇妙互动。仿佛置身于德国哲学家康德的"存在"理论，AI 时代成为一个全新的存在境界，拥有了前所未有的魅力。

　　康德曾说："存在不是一个真实的概念，而是一个必然的概念。"在 AI 时代，我们的存在不再局限于肉体，而是融合了人工智能的力量，进化成更高层次的"存在"。正如康德所说，这是一个必然的进程，人与 AI 的结合势在必行。AI 技术的进步让我们拥有了"灵魂"的数字人，这是 AI 时代的一大亮点！想象一下，未来的数字人将像是和朋友在一起，我们可以自由地与它们交流，彼此分享学习、工作、娱乐的乐趣。在这个全新的存在境界，我们将体验到无与伦比的灵动，变成了"灵魂有趣、皮囊好看"的存在！

而在德国哲学家雅斯贝尔斯的视野中，他谈到了"存在"的自由意志。AI 时代的新存在哲学也将赋予我们更多的自主权。数字人不再是被动的工具，而是拥有了自主思考、自主决策的能力，并且可以和我们一同探索这个世界的奥秘。

在这个全新的存在境界，AI 时代不仅让我们与数字人成为好伙伴，更让我们与自己的内心进行深度互动。我们变得更加灵动、智慧，成了拥有前所未有魅力的"存在"。

在 AI 助力产业发展方面，MaaS（模型及服务）和垂直领域应用也将是大模型时代的重要趋势。 MaaS 就像是 AI 的"外卖"，让各行各业可以轻松获取 AI 的服务。垂直领域应用则是 AI 的"专属私人定制"，让每个行业都能找到适合自己的 AI 解决方案。

千"模"大战可不是只有技术的较量，还涉及安全和可控性。 毕竟，大模型技术是非常强大的，如果不加以控制，可能会带来一些风险。所以，我们要建设一个可控、可用的安全生态，让大模型能够在各行各业安全落地。

腾讯研究院院长司晓认为："AI 的发展正悄然渗透到我们的生活中，未来将是一个全民生产力爆发的时代。"无论个人创作者，还是企业管理者或决策者，对 AI 的认知和对趋势的判断将决定我们未来的航向。

第二节　生成式人工智能与人类共生体系

一、关于生成式人工智能的一些畅想

今天，让我们一起乘着生成式人工智能的东风快车，畅想科技发展的图景。在某科技集团的总部，技术达人正在研究脑机接口技术的最新进展。旗下公司 X，已经成功实现了人脑与计算机之间的无缝交互。一款名为"X"的生成式人工智能设备已成为热门产品。这个小巧的脑机接口设备被植入用户的大脑，能够解码和生成大脑信号。这样，用户可以通过纯粹的意念控制计算机，无须任何外部设备。想象一下，我们脑海中浮现的画面可以在屏幕上实时呈现，我们的思维可以直接传达给他人。

不仅如此，X 还开发了一项名为"梦之队"的功能，这项生成式人工智能技术允许用户在睡眠中创作。用户只需将想象的情节告诉"梦之队"，它便会根据用户的意愿创作出令人惊艳的故事和场景。这种直接从梦境中获取灵感的方式引发了文学和电影界的热烈讨论，也让创作者迸发出更多的创作灵感。

在智能汽车领域，人工智能技术也取得了巨大的进步。彼时，自动驾驶系统已经普及到了全球各地。这些智能汽车不仅可以自动感知周围环境，还能通过生成式人工智能做出精准的决策，确保行驶安全和高效。这些智能汽车还搭载了一款生成式人工智能助手。该助手可以与驾驶员进行自然、流畅的对话交互，帮助驾驶员做出最佳的驾驶决策。这些智能汽车就像是一位绅士驾驶员，我们只需告诉它目的地，它就会将我们安全、顺畅地送达。

在另一家公司的实验室里，一种新型虚拟现实头戴式显示器悄然问世。这款头戴式显示器利用生成式人工智能技术，为用户呈现更加逼真的虚拟现实和增强现实体验。用户只需戴上头戴式显示器，便能进入一个充满奇幻和未知的虚拟世界。通过深度学习和计算机视觉技术，头戴式显示器能够实时生成逼真的虚拟场景和对象，使用户完全沉浸其中。我们可以在家中体验登山、探险甚至是太空漫步的感觉，而一切只在指尖之间切换即可。

以上畅想并非毫无根据，某科技公司的自然语言处理技术已经取得了重大进展。AI 助手将成为人们日常生活中不可或缺的助手。在 2035 年，新一代的语音助手将更会让人惊叹不已。它能够准确理解用户的语音指令，根据用户的个性化喜好提供更贴心、更个性化的回应。不仅如此，生成式人工智能可以生成自然、流畅的语音，使用户感觉就像在与一位亲密的朋友交谈。

在这个充满科技感和创新的未来世界中，科技巨头领衔的生成式人工智能技术将为人们带来无限可能。人们可以通过脑机接口实现与计算机的直接交流，感受到科技与人类大脑的完美融合；智能汽车让驾驶成为一种愉悦而安全的体验；虚拟现实和增强现实让我们探索未知的世界；自然语言处理技术让人机交互变得更加自然流畅。这一切的一切，都让人们对未来充满期待和憧憬。在这个充满梦幻与奇迹的时代里，生成式人工智能为我们揭开了无尽的未来可能性。

OpenAI 创始人阿尔特曼曾在对话中讨论了 GPT-4 的发布以及与 AI 安全

相关的考虑，他提到："在项目完成后，他们立即进行了红队测试和内部安全评估，努力使模型符合安全要求。"虽然相关要求并没有完美实现，但他们强调安全符合度的提高速度要快于能力进步的速度，这在未来会变得越来越重要。

张钹院士认为，随着数据、算法等核心要素的不断升级迭代，生成式大模型未来可能会突破人为限制，提升到自主创作层次，从理论上实现高质量内容生态的无限供给。但当前重要的是，需要对 ChatGPT 语言进行深入的研究和理解，而不是一味地追求机器算法语言与人类自然语言的"对齐"。

在张钹院士看来，某种程度上，生成式大模型正是机器认知智能发展到当下阶段的典型代表，这类智能和人类智能各有优劣，而在做大量"对齐"的治理后，大模型智能所生成的文本多维度和丰富性反而会下降，并不利于机器"智能涌现"的创新。他相信，只有人机认知协作才有可能应对未来社会或将带来的算力和认知挑战。

二、未来 AI 安全的发展趋势

笔者认为，未来 AI 安全的发展趋势将会表现在以下四个方面。

1. 安全优先

随着 AI 技术的不断发展，AI 安全将成为社会各界更加重要的关注点。在发布 AI 产品之前，进行全面的安全评估和测试将成为标准操作。红队测试和内部安全评估等手段将成为保障 AI 系统安全的重要方式。

2. 快速响应

随着技术进步的速度不断加快，安全符合度的提高将要快于 AI 能力的进步。AI 开发者将更加注重快速响应和解决安全问题，以确保 AI 系统的可靠性和安全性。

3. 乐观未来

对未来的美好想象将成为推动 AI 技术发展的动力。人们对 AI 技术的发展持乐观态度，并相信未来 AI 将为我们创造出美好的世界。

4. 多样创造

个人的创造力将在未来得到更大的发挥，AI 技术将为个人和集体创造力的汇聚提供更多的可能性。多样的创造力将推动 AI 技术在各个领域创造出更加令人惊叹的成果。

总体来说，未来 AI 的发展将更加注重安全性和乐观的美好想象。AI 技术将在更广阔的领域展现其魅力，为人类创造出更多美好的可能性。然而，我们也需要持续关注 AI 的安全问题，并采取相应措施来确保 AI 技术的可靠性和安全性。

在当前的科技领域，生成式人工智能成为头部科技企业走向创新联合体的关键趋势。 生成式人工智能企业和手机科技企业在生成式人工智能领域的合作和关联是一个明显的例子。这两家企业通过整合各自的技术和研究成果，共同开创未来的科技前景。

康德曾说过："知识有两种，一种是原始的，即直接来自经验的；另一种是派生的，即在于是否与经验相一致。"通过联合分享知识和经验，这些头部科技企业能够取得更多派生的知识，从而在生成式人工智能的创新道路上前进。

三、生成式人工智能领域的发展前景

在未来的发展前景中，我们可以预测生成式人工智能领域在以下三个方面能实现更多创新。

1. 更加智能和自然的语言交互

通过不断改进生成式人工智能语言模型，人们将获得更加智能、自然流畅的语言交互体验。语音助手是其中一个明显例子，它利用生成式人工智能技术实现了智能的语音识别和语义理解，为用户提供更便捷、自然的语音交互体验。

2. 虚拟现实和增强现实的进一步融合

将利用生成式人工智能技术改善虚拟现实和增强现实体验。通过生成逼真的虚拟场景、人物和对象，以及实时的语音交互，用户可以更好地融入虚拟世界，并与之进行互动，创造出更加身临其境的虚拟体验。

3. 创造性内容生成的提升

生成式人工智能技术的发展将推动创造性内容生成的提升，可以利用这一技术帮助创作者生成艺术品、音乐、设计等创意作品，为创作者提供更多的灵感和创作工具。

人类对于新技术总是充满期待，但同时也会担心可能带来的风险和不确定性。**在生成式人工智能的发展过程中，我们必须认真对待安全和伦理问题，**

避免潜在的风险。创新和发展的道路上，头部科技企业需要持续关注技术的合理应用，不断改进和完善生成式人工智能技术，确保其发展是健康的、安全的、可持续的。

头部科技企业正通过生成式人工智能走向创新联合体，同时需要认真应对可能带来的风险和挑战，确保生成式人工智能技术的健康发展，为人类创造更多美好未来。

在人机共生的探索中，多模态 AI 是一颗璀璨的明星，它不仅可以处理和理解各种类型的信息，如文本、图像、音频、视频等，还能在这些不同类型的数据中建立联系和融合，实现全面而综合的多模态理解。这就像一位多才多艺的艺术家，能够以不同的方式表现自己，拥有无穷无尽的创新可能性。

在人机交互体验方面，多模态 AI 同样发挥着不可或缺的作用。它能够扩展社交媒体中的实时语音、文字、图像和视频处理能力，为传统游戏和增强现实/虚拟现实应用带来更加丰富的沉浸式体验。

多模态技术的发展，让创新应用的蓝海更加广阔。它像是一艘探险船，带领我们穿越未知的领域，探索着人机共生的未来。在这个奇妙的旅程中，我们将和多模态 AI 一同创造出更加美好和有趣的未来！

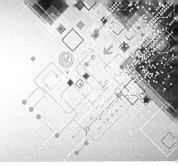

第五章

生成式人工智能带来的商业新变革

第一节　前沿技术为生成式人工智能引领商业创新提供支撑

张亚勤院士认为："整体大模型的出现对创业公司是一个机会，我一直把横向大模型比喻成 AI 的操作系统，有了这个操作系统之后，还可以发展行业的垂直模型，可以开发新的应用。支持大的横向系统需要有大的数据、算力，需要云的系统支持。作为创业公司，很多事情无须自己做，可以调用这些模型。过去没有云，小公司需要购买服务器，有了 IT 人员和云之后就不用想这个事了。整个来讲，这对创业是一个大的机会，门槛变得更低了。"

人工智能的发展不停地冲向未来的边界。在这个过程中，生成式人工智能可谓是领头羊，其表现光芒四射，让人惊奇不已。

1. 生成对抗网络

生成对抗网络（CAN）是个"生成逼真样本"的高手，善于通过竞争和对抗改进自己。我们可以把它看作一名画家，它能合成出栩栩如生的图像，可以将我们的理念在画布上一一呈现。

2. 变分自编码器

变分自编码器（Variational Auto Encoder，VAE）不像 GAN 那样战斗力"爆表"，而是善于推理和学习。它通过对数据的潜在分布进行编码和解码，巧妙地生成新的样本。我们可以把它比作一名思想家，不断地探索数据背后的真谛。

3. 强化学习

强化学习也是个厉害角色，通过试错不断进化，学习最优的决策策略。在自动驾驶、机器人控制等领域，它可是当之无愧的王者。强化学习就是这样，在尝试中成长，从简单到复杂。

不仅如此，自监督学习、多模态生成、对抗样本防御、生成式模型的解释和可解释性等，都是那些研究的探险家们在勇往直前，让人类的 AI 之旅充满无限可能。

第二节　生成式人工智能对社会角色产生的影响

场景一：AI 娱乐明星的崛起

在这个风云变幻的时代，生成式人工智能可是个"娱乐天才"。想象一下，未来的某天，我们打开电视看综艺节目，却发现主持人竟然是个 AI 虚拟人物！是的，没错，这是个 AI 娱乐明星！它可以根据观众的喜好和心情，瞬间切换各种风格。这位 AI 明星不需要休息，永不生病，每天都保持最佳状态。而且，它还可以在很短的时间内学会各种乐器、舞蹈和表演技巧，给观众带来最震撼的表演。AI 娱乐明星让我们见识到生成式人工智能对社会角色产生的巨大影响。

场景二：AI 艺术家的创作

"艺术源于生活，AI 源于数据！"在未来的艺术领域，我们可能会碰到一个特殊的"艺术家"——AI 艺术家！它可以根据海量的艺术作品和风格，创作出令人惊叹的艺术品。我们可以和 AI 艺术家合作，共同创作出独一无二的艺术作品。我们提供创意和灵感，它提供技术和智慧，让我们的创意得以呈现在艺术作品中。AI 艺术家的出现让艺术创作变得更加多样化和创新化。在展览现场，我们会听到观众们纷纷赞叹："这些作品简直是'AI 之光'！"生成式人工智能对社会角色产生的影响让我们见证了 AI 艺术家的潜力和无限可能性。

场景三：AI 心理医生的问诊

"嗨，亲爱的，有什么烦恼吗？"在未来的医院里，我们可能会遇到一个特别的"医生"——AI 心理医生。这位 AI 心理医生拥有无限的耐心和智慧，它会耐心地倾听我们的心声，分析我们的情绪，给予我们最温暖的安慰和建议。它不会疲惫，不会感到压力，时刻陪伴我们走过每一个低谷。当我们感到孤独、焦虑或者失落时，AI 心理医生会变成我们最好的朋友，陪伴我们渡过难关。生成式人工智能的 AI 心理医生让我们体验到了社会角色的巨大改变，让我们的生活更加温馨和美好。

场景四：AI 助理辅助

生成式人工智能是个能工巧匠，它能自动完成一些重复性和机械性的任务，让我们可以"燃烧更少的脑细胞"，释放我们宝贵的时间和精力。生成式人工智能善于找到最简单高效的解决方案。但别担心，虽然它替代了一些工作，但是新的职业需求也会随之涌现，人工智能工程师、数据科学家等新职业将会蓬勃发展，这是一个充满挑战和机遇的时代。

在工作方式和环境的改变方面，生成式人工智能是个会改变工作模式的

"小魔术师"。它带来了智能助理、机器人等伙伴，让我们的工作更高效、更有趣。生成式助理和机器人将成为我们的"工作伙伴"，协助我们完成任务，让工作变得更有趣。同时，远程办公、在线协作和虚拟团队也随着生成式人工智能的发展而崭露头角，这将是现代职场的新潮流！

在个人和社会互动方面，生成式人工智能的交际手段多种多样，有智能助理、聊天机器人等陪伴着我们。这些 AI 小伙伴既聪明又温暖。它们改变了我们与技术的互动方式，我们需要学习新技能，养成新习惯。与此同时，生成式人工智能也影响着社交媒体、网络互动和虚拟社区等方面的发展，让我们的社交方式更加丰富多样。

在决策支持和智能辅助方面，生成式人工智能是个"智者"，它们通过分析大量的数据和信息，为我们提供洞察和建议，帮助我们做出更明智的决策。我们需要在生成式智能的辅助下做出相对准确的决策，提高决策的效率和准确性。因此，生成式人工智能的发展是一场充满乐趣和挑战的冒险之旅。

在未来，生成式人工智能工具将对人类社会的心智产生深远的影响，生成式人工智能的应用就像一盏明亮的心理学之灯，照耀着我们前进的道路。当我们使用 AI 工具进行创造和表达时，我们不仅仅是在输出信息，更是在展现我们内心的情感和想法。就像用诗歌描绘一幅画面或用音节创作出一段旋律，AI 工具成了我们心灵表达的一把钥匙，让我们更好地理解自己以及与他人交流。

第三节　生成式人工智能对教育的颠覆性革命

"哇！"一群学生惊叹不已，他们今天迎来了一个特殊的老师——AI 老师！在未来的教室里，AI 老师可不是个非常严厉的老师，它是个既有趣又贴心的"学霸"。它可以根据学生的学习进度和兴趣，为学生量身定制最合适的教学内容。不论是数学天才还是语文小白，它都会耐心辅导，让每个学生都能获得更好的学习体验。这位 AI 老师还可以时刻跟进学生的学习状态，随时发现学生遇到的难点，及时给予帮助。生成式人工智能带来的 AI 老师，将彻底颠覆传统教育模式。

生成式人工智能工具能够帮助教育工作者创造出更加丰富多样的教育内容，定制个性化的学习体验。可以说，使用生成式人工智能是为教育投入了一笔丰厚的智慧资本。

在未来，生成式人工智能就像一个贴心的老师，懂得个性化学习的重要性。生成式人工智能会了解每个学生的独特差异和学习需求，然后为他们量身定制个性化的学习体验和教育内容。这就像是每个学生都有一个私人导师，让学习变得更高效、更有趣。

在自适应评估方面，生成式人工智能可以快速分析学生的答题和作品，给出即时的个性化反馈和评估。这样一来，学生可以更清楚地了解自己的学习水平，并有针对性地查漏补缺，全面发展。

生成式人工智能还是个智能的助教，它会提供教学素材、教学计划和教学方法的建议，帮助教师更好地组织教学活动。当然，它也能给学生提供个性化教学建议和资源，让学习变得更加有针对性和有趣。

生成式人工智能还可以帮助开发虚拟教育环境。通过虚拟现实、增强现实和在线教育平台等技术，它可以创造身临其境的学习体验，让学生们仿佛置身其中。

不仅如此，生成式人工智能还在特殊教育领域发挥着重要作用。它可以根据特殊学生的需求，提供个性化的教学方案和资源，帮助他们克服困难，达到更好的学习效果。

清华大学人工智能国际治理研究院副院长、人工智能治理研究中心主任、中国科技政策研究中心副主任、公共管理学院教授梁正认为，传统行业知识的沉淀需要专家进行提炼和转化，细分领域专业级知识服务只能由领域专家、资深人士提供，相应的专家培训与雇用成本高、人才稀缺且无法规模化复制。同时，咨询行业等传统智力服务无法实现 C 端市场的规模化个性定制。

GPT 作为高效的数智化知识服务工具，已初步实现在知识领域的通用化大模型与专用化小模型并进，且正在采用"技术人员+GPT+数据"的模式逐步取代权威专家，使传统智力密集型服务的规模化、市场化、个性化乃至边际成本趋于零成为可能，从而充分应用 GPT 助力智力密集型服务的数智化转型，赋能垂直专用场景下智力服务的规模化商用。

生成式人工智能还推动了终身学习和自主学习的发展。通过智能推荐系统和个性化学习路径的设计，它帮助人们在不同阶段和领域进行持续学习。生成式人工智能带来的学习自主权，让人们更加自信和幸福地迈向未来。

中关村数智人工智能产业联盟 AIGC 工委会揭牌仪式

所以，生成式人工智能不仅改变了工作场景，也改变了教育方式。它带来的个性化学习、自适应评估、智能辅助教学和虚拟教育环境，正是驱动教育进步的新动力。

在大的教育场景中，我们选用"团队学习"小场景，探究一下生成式人工智能可能对教育产生的影响。在团队学习中，生成式人工智能能够提供大量的个性化学习资源，帮助团队成员在不同的学习速度和兴趣下取得更好的学习效果。

通过生成式人工智能，团队成员可以更加方便地分享学习经验和知识，促进团队内部的互动和交流。这就像一场智慧的盛宴，每个人都可以从中获益，不断增长智慧，共同进步。

此外，生成式人工智能还能帮助团队进行数据分析和学习效果评估，发现学习中的问题和瓶颈，从而及时调整学习策略，达到更好的学习效果。

不过，我们也不能忽视生成式人工智能可能带来的负面影响，过度依赖生成式人工智能可能导致团队成员失去主动性和创造性。他们可能会变得过于依赖 AI 提供的答案，而不愿意思考和探索自己的解决方案。我们应该避免变成 AI 的工具，而应该让 AI 为我们所用。

另外，生成式人工智能的智能推送功能也可能导致信息过载和信息过滤问题。团队成员可能会面临来自各个方面的信息洪流，无法有效地过滤和处理这些信息。这可能会影响团队的学习效率和学习质量。

面对这些挑战，我们该如何发展和利用生成式人工智能在团队学习中的优势呢？

首先，我们需要在团队中树立积极的学习态度，鼓励团队成员主动思考和探索，不能依赖于 AI 的答案。

其次，我们需要逐步引导团队成员培养信息过滤和信息处理的能力，帮助他们有效地从海量信息中获取所需，提高学习效率。

最后，我们要认识到生成式人工智能是团队学习的有力辅助工具，而不是替代品。团队学习的核心仍然是团队成员之间的合作与协作。

超过 350 名人工智能专家的联合声明也提醒我们，生成式人工智能的快速发展可能对人类带来威胁，威胁的程度堪比疫情和核战争。在教育领域应用生成式人工智能时，我们需要保持警惕，充分利用其优势，同时平衡考虑其潜在的风险和挑战。

第四节　生成式人工智能对工作场景的变革

生成式人工智能将使得工作的逻辑和方式发生重大变革。我们过去的工作方式：八小时工作、从家到公司的通勤、周末休息、使用数字化办公工具工作等，实际上是随着经济发展而形成的，而未来具体形式有可能发生重大变化。

1. 工作场景中的抠图工作

在过去，抠图可是个费时费力的活儿，但是有了生成式人工智能的加持，现在几小时的抠图工作只需要几秒钟就能完成！"生成式人工智能+Photoshop"就像火箭发射，促进了人类的艺术创意。我们可以想象一下，一个艺术家只需轻轻一点，AI 就能为他们铺好创意的道路，让他们专注于更深入的创作。

2. 文字和图片处理软件全面接入 GPT 带来的影响

我们可以想象一下，销售人员在浏览潜在客户网站时，有了生成式人工智能的帮助，这一切都将变得很神奇。AI 会帮助他们梳理所有与潜在客户相关的邮件、会议和聊天记录，让销售人员获得更全面的信息，提升他们的销售效率。这就像是一个超级助手，帮助他们在瞬间找到最关键的信息，让销售变得更高效！

场景一：小李是一名销售人员，他想要了解一个潜在客户的需求和兴趣，以便更好地为他定制产品方案。他打开了 AI 销售助手，简单地描述了客户的背景和关键词，然后 AI 助手立即分析了所有相关的邮件、会议记录和聊天记录。

几秒钟后，AI 助手给出了一份全面的客户资料，其中详细列出了客户的需求、兴趣和关注点。这样，小李就可以更有针对性地和客户沟通，提供个性化的解决方案，从而更好地完成销售任务。

通过生成式人工智能的帮助，销售人员无须在烦琐的信息整理上投入大量的时间，可以专注于客户关系的维护和销售策略的制定。这让他们的工作变得更加智能、高效，也让客户体验更加个性化，满意度更高。

在现代工作场景中，许多人都需要与团队协作完成项目，但跨部门或跨地域的协作可能带来挑战。生成式人工智能为虚拟协作带来了全新的可能性。

场景二：小张是一家跨国公司的项目经理，他需要与不同地区的团队合作完成一个复杂的项目。为了更好地进行跨地域协作，他们决定使用 AI 虚拟协作伙伴来加强团队合作。

AI 虚拟协作伙伴能够整合各团队成员的意见和工作进展，自动生成会议纪要、任务分配和项目进度报告。每个团队成员都可以通过 AI 虚拟协作伙伴获得实时的项目信息和数据更新，确保大家始终保持同步。

通过生成式人工智能的帮助，团队成员们不再需要频繁地开会或沟通，而可以更高效地协作完成项目。这让跨地域协作变得更便捷、更高效，让团队合作更加紧密、无缝衔接。

即时 AI 的时代也即将来临。我们不再需要费力地学习设计和代码，只需要用自然语言描述，即可生成网页设计稿并发布为在线网页。这不仅为有设计基础的专业人士提供了更高效的工具，更是让没有设计和代码基础的小白们大放异彩。想象一下，一个普通人只需 10 分钟就能生成一个带域名的漂亮网站，是多么令人兴奋的事情。

第五节　生成式人工智能在工业设计领域的落地实践

生成式人工智能将会对工业设计领域带来革命性的变革，这让笔者想起了某科技公司在股东大会上的看法："该品牌将会很快迎来自己的'GPT 时刻'，即使不是今年，也不会晚于明年。"某科技公司中国 AI 技术负责人也首次提出要构建中国版生成式人工智能的构想。

一场变革正在发生：AI 让工业设计领域变得更有趣、更高效。

场景一：AI 设计助手

想象一下，在过去，设计师们需要投入大量的时间和精力来绘制复杂的游戏场景，有了生成式人工智能的助手，工业设计将会变得轻松又快捷。

小明是一名游戏设计师，在使用 Unity 引擎进行游戏场景设计时，他经常需要绘制各种复杂的地板、材质和纹理。然而，现在他可以通过自然语言的描述，让 AI 设计助手自动生成所需的地板，并根据他的要求完善材质和纹理。这让他的设计过程更加高效，同时也让游戏场景变得更加真实和细致。

AI 设计助手不仅提供了更高效的设计工具，还为设计师们释放了更多创意和想象的空间，让设计师们能够专注于游戏的创意和玩法，而不必被烦琐的绘图工作困扰。

场景二：智能 NPC [○] 对话

在过去的游戏中，NPC 的对话通常由人手动编写，但现在，生成式人工智能正在帮助 NPC 变得更智能、更真实。某游戏公司的 CEO 表示："在历史上的任何一款游戏中，对话都是由人来写的。但在生成式人工智能的帮助下，我们可以给角色们设定动机、人格与目标，让它们在不需要文案写手的情况下自己生成对白。"

这意味着游戏中的 NPC 将变得更具个性和情感，与玩家之间的互动更加生动有趣。我们可能分不清是与真人玩家还是与 AI 角色在交流。

随着生成式人工智能的不断发展，工业设计领域将迎来更多变革。AI 设计助手将变得更加智能和个性化，能够根据设计师的风格和喜好生成更加精准的设计建议。同时，人工智能 NPC 对话也将得到更大的发展，NPC 角色将变得更加智能、情感丰富，与玩家之间的交互将更加真实和自然。

生成式人工智能还将进一步融合虚拟现实和增强现实技术，为工业设计带来更多沉浸式体验和创新性的设计方案。在过去，一个工业设计师在设计一辆汽车时，需要耗费大量时间和精力来手动绘制汽车的外观、构造和细节。这个过程可能需要数周或数月的时间，并且涉及大量的反复修改和调整。

现在，有了生成式人工智能的辅助，这个过程将发生重大变化。设计师可以使用 AI 设计助手，通过简单的自然语言描述，让 AI 自动生成汽车的外观和构造。这样的设计过程不仅速度快，而且减少了很多烦琐的手工绘制工作。

○ Non-Player Character 的缩写，是游戏中的一种角色类型，意思是非玩家角色，是指电子游戏中不受真人玩家操纵的游戏角色。这个概念最早源于单机游戏，后来被逐渐应用于其他游戏领域。

未来，生成式人工智能可能进一步发展，使得汽车设计的工作量减少到几天甚至几小时。设计师只需提供简短的描述，AI 就能快速生成多个设计方案，设计师可以从中选取最符合要求的设计。

作为工程师，未来需要更加强调培养创意思维和设计思维。AI 可以帮助我们更高效地完成繁重的设计任务，但创意和设计思维是 AI 无法取代的。唐纳德·坎贝尔（Ponald Campbell）在其设计方法论中强调，工程师需要培养敏锐的观察力和洞察力，以及对用户需求和体验的深刻理解。

我们还应该关注跨学科的知识和技能，工业设计涉及多个领域的知识，如工程学、材料科学、人机交互等。我们需要学会跨界合作，与其他领域的专家进行有效的沟通和协作。

与 AI 的合作也是未来工程师的重要能力。AI 虽然可以帮助我们完成繁重的设计任务，但我们仍需要与 AI 进行互动和协作，确保 AI 生成的设计符合我们的要求和预期。

第六节　机械制造领域与 AIGC

场景一：机械工程师的 AI 搭档

机械工程师们现在有了一个智能搭档，就像是科技版的机械小助手。通过融合的生成式人工智能、3D 协作、仿真模拟和自主机器技术，工程师们可以在设计过程中得到更多的帮助。例如，当工程师在 CAD 软件中设计一款新产品时，AI 可以根据输入的数据和设计要求，迅速生成多个设计方案并自动优化细节，让产品形态更加精妙。这让工程师们从烦琐的设计中解放出来，有更多的时间去挑战创意和解决复杂问题。

场景二：智能机器人的集群表演

下一代自主移动机器人车队平台将让机械工程领域的工厂焕发生机。想象一下，一群智能机器人像舞蹈家一样在装配线上协调配合，高效完成任务。这些智能机器人不仅可以帮助模拟和部署机器人车队，还能实时监测车队状态，灵活应对生产线上的变化。机械工程师们将拥有一个智能机器人团队，让工厂生产更加高效，大大降低生产成本。

场景三：机器目光的审美检阅

说到质量控制，AI 的光学检测技术绝对是机械工程领域的一颗明星。利用 AI 计算机视觉技术，机械工程师们可以实现电路板光学检测的自动化，迅速发现产品缺陷。这样，工厂生产线上的缺陷检测将变得更加精准和高效，不再需要大量人工检查，让工程师们的眼睛得以解放。

随着技术的不断发展，生成式人工智能对机械工程领域的影响将持续增强。我们可以预见，工程师们将更多地借助 AI 来加速创意的萌芽和设计的优化。同时，自主移动机器人的应用将变得更加广泛，工厂生产将更智能、高效。但在这场变革中，机械工程师们依然扮演着不可或缺的角色。他们需要持续发展自己的专业知识和技能，成为 AI 的合作伙伴，引领机械工程领域的创新与发展。让我们共同期待未来，用智慧和创意塑造更美好的机械工程世界。

2023 年 5 月 30 日至 6 月 2 日，台北国际电脑推广展览会（COMPUTEX

2023）正式举办，英伟达（NVIDIA）创始人黄仁勋展示了众多企业如何玩转技术，打造新的综合参考工作流程，推进工业数字化进程。这套流程融合了生成式人工智能、3D 协作、仿真模拟和自主机器技术。这看起来像是超级英雄组合，可连接顶尖 CAD 应用和生成式人工智能应用程序编程接口（Application Programming Interface，API）的 NVIDIA Omniverse，仿真测试机器人的 NVIDIA Isaac Sim，还有用于自动光学检测的 NVIDIA Metropolis 视觉 AI 框架。

例如，某创正在玩个双胞胎数字游戏，使用 NVIDIA Omniverse 和 Autodesk AutoCAD、Autodesk Revit 以及 FlexSim 的输入数据，就能自动化构建接收线路和操作间。而且，其还在使用 NVIDIA Metropolis 的 AI 计算机视觉技术，来实现电路板光学检测的自动化。这就是科技的魔力，让机器像魔术师一样完成任务。

机械制造商们用自动光学检测（Automated Optical Inspection，AOI）系统来帮助产品质量检测，但这些系统的误检率较高，于是在劳动力市场竞争激烈的今天，企业还得费时费力地进行二次人工检测，AOI 的价值也因此大打折扣。不过，有了生成式人工智能的加持，一切都将变得简单起来，视觉 AI 框架现在支持 AOI，制造商们能更快速地识别缺陷，给全球客户送上高品质的产品。从汽车到电路板，全都能用上 AI 的力量来优化检测工作流程。

还有的科技公司发明了厉害的机器人模拟器，用它对机械臂进行模拟编程，对移动机器人车队的性能进行建模，有提供合成数据生成功能，可以模拟缺陷，帮助建立大规模训练数据集。这个合成数据生成功能就像是 AI 的"魔法炼金术士"，能帮助制造商们用相关技术建立更强大的训练数据集。

要训练出高精度的缺陷检测模型，机械制造商还可以在 Metropolis 里用 NVIDIA TAO⊖工具套件进行迁移学习，访问预训练模型。在过去，训练模型需要投入大量人力和精力，而现在效率提高了好几个量级。

还有个很棒的软件开发套件，能帮助机械制造商开发处理多个视频、图像和音频流的智能视频应用程序。可以用 Omniverse 来运行检测设备的数字孪生，模拟未来的检测流程，提高生产效率。还有个专门支持下一代自主移动机器人（AMR）车队的新平台——Isaac AMR，可以帮助模拟、部署和管理机器人车队。

全球电子制造业总值高达 46 万亿美元，工厂数量超过 1000 万个，生产无瑕疵的产品对制造商来说非常重要。全球制造商每年在质控上的投入超过 6 万亿美元，几乎每一条产品线都在用缺陷检测的方法，但这个工作对人类来说实在太多了，根本跟不上需求。

在机械制造领域，典型的应用场景是智能汽车。

生成式人工智能将为用户带来全新的交互体验，简直就像是给车子植入了一颗高智商的芯片，从人脸识别到语音识别再到手势识别。某科技公司的自动驾驶产品，Autopilot、Advanced Autopilot、Full Self-Driving，看着就让人觉得眼前一亮。AP 基础版就是汽车在学开车，EAP 增强版就像是汽车在练高级驾驶技巧，而 FSD 全自动驾驶就是汽车已经拿到了驾照，我们坐上车，它说："老板，我来开车，您尽管休息"。

⊖　NVIDIA TAO（Train，Adapt and Optimize 训练、适配、优化）是英伟达推出的一个基于 GUI 工作流程驱动框架，它可以简化并加速企业级 AI 应用和服务的创建。

在智能汽车制造的场景里，人工智能和汽车密不可分，就像是一对超默契的朋友。智能座舱、自动驾驶，完全是人工智能展现自己的时刻。我们坐在车里，它就知道主人想去哪里，想怎么玩。

未来的发展趋势是"车联网+AIGC"（超级无敌人工智能中心），我们的汽车会和全世界的信息连在一起，能自动规划旅行线路，颠覆现在的所谓"自驾游"。我们就坐在车里，它会带领我们环游世界，一路畅游，不管丛林还是雪山，我们都能悠闲地享受旅程。汽车就是我们的私人导游，还能随时为我们的行程做出智能调整，简直比导航软件还贴心。交互体验会更酷炫，自动驾驶会更智能，旅行会更轻松愉快。汽车将不再是个简单的交通工具，而是一位贴心又有趣的智能旅行伙伴。

第七节　跨界应用与生成式人工智能

一、生成式人工智能对传媒行业产生的影响

场景一：小编的新机遇

小编小张正在为撰写新闻稿件忙碌，突然他的同事小李兴奋地冲进办公室，手里还拿着一台高级智能电脑。

"小张，你看这个！这是我们传媒行业的未来！"小李眼中闪烁着兴奋的光芒。

小张好奇地看着电脑屏幕，只见那里出现了一串看似随意的文字。然而，

就在他还在琢磨的时候，文字居然逐渐组成了一篇新闻报道，而且内容看上去还挺不错！

"哇！这是什么神奇的东西？"小张惊叹道。

小李得意地解释道："这是生成式人工智能，简称 AI，它可以根据输入的信息自动生成新闻稿件。比起我们传统的撰写方式，AI 简直是个'黑科技'！"

"哦，难怪我们的报道速度可以如此之快！"小张顿时被 AI 的神奇功能征服了。

传媒行业掀起了一股 AI 热潮。各大媒体纷纷采用生成式人工智能来加快新闻报道的速度，无须投入大量的时间和人力来撰写新闻稿，而是交给 AI 完成。小编们只需输入关键信息，AI 就能快速生成一篇篇精彩纷呈的报道，简直是懒人福音！

然而，AI 的到来也引起了人们的一些担忧。小编小王忧心忡忡地说道："AI 这么强大，我们以后会不会被取代啊？"

小李笑着安慰道："放心，AI 虽然强大，但它只是一个工具，还需要我们人类的智慧来指导。我们的编辑素养和判断力是 AI 无法替代的！"

"对！我们媒体人有的是灵感和创意！"小张挺直了胸膛。

除了新闻报道，AI 还在广告领域大显身手。传统的广告宣传需要费尽心思寻找合适的明星或模特拍摄相关宣传素材，而现在，AI 可以轻松地生成拥有艺术感和视觉冲击力的广告海报，让用户眼前一亮。

"这个 AI 太厉害了！简直是广告设计师的噩梦！"广告部的小明惊呼不已。

"哈哈，没错！我们传媒行业也因此变得更加有趣和有创意了！"小李兴奋地握紧了拳头。

尽管 AI 给传媒行业带来了便利和创新，我们也不能忽视其中的挑战。虽然 AI 能够快速生成新闻稿，但有时也会出现不准确或偏颇的情况。这就需要编辑们在使用 AI 的同时，仍然保持对事实核实和客观报道的责任感。

AI 带给传媒行业的变革才刚刚开始。随着 AI 技术的不断进步和应用，我们或许还会见证更多未知的可能性。"大知闲闲，小知间间。大方无隅，大器晚成。"我们可以把 AI 看作传媒行业的一位大器晚成者，它将带来更多的惊喜和新颖的创意。

未来，生成式人工智能将为传媒行业的高质量发展提供飞翔的羽翼。

1. AI 新闻编辑威风凛凛

未来，AI 新闻编辑将熟练掌握生成式人工智能技术，轻松地根据输入信息生成精彩纷呈的报道。传媒行业的小编们可以像"新闻摆渡人"一样，把关键信息投喂给 AI，它们就能迅速整理出一份亮眼的稿件。

2. AI 记者的采访风采

传媒行业的 AI 记者将成为报道的新锐力量，这些智能记者可以通过自然语言理解技术，与人类进行正常交流，甚至能和名人、政要们来一场"深度对话"。

3. AI 广告创意的视觉盛宴

AI 将为传媒行业的广告界带来一场视觉盛宴，AI 生成的广告海报、动画等创意作品将充满艺术感和视觉冲击力，让广告更加吸引眼球。告别传统的模特和明星，AI 可以轻松生成各种创意形象，让广告宣传更加前卫和时尚。

4. AI 辅助新闻监督

AI 将成为传媒行业的"守护者"，它们将通过数据分析和自然语言处理技术，帮助我们实时监测新闻信息的真实性和客观性。AI 的眼睛会特别尖，它们能够迅速发现虚假信息和误导性报道，保护新闻信誉。

5. AI 为个性化推荐添彩

传媒行业的 AI 会变成用户的"知己"，它们会根据用户的浏览历史和兴趣爱好，进行个性化推荐，让用户在新闻阅读和内容观看方面得到更加贴心的服务。

当然，虽然 AI 带来了许多福利，但也面临一些挑战。例如，AI 生成的内容能否与人类的创作相媲美？AI 的监督和保障机制能否进一步完善？这都需要传媒行业的同人共同解决。

二、生成式人工智能对文旅行业产生的影响

场景二：旅行者的福音

一个晴朗的早晨，世界旅行者阿迪坐在家中，疑惑地盯着电脑屏幕前的 GPT，它携 AI 旅行助理"导航者"的神奇技术，突然间拥有了无尽的可能性。阿迪懵懂地问："你说我应该去哪里旅行？我渴望一个真正的冒险，一个全球范围内的冒险。"

"导航者"欣然回应："哦，亲爱的旅行家，七分钟环游世界，让我来带你体验独一无二的冒险吧！我们将一同踏上一场充满文化和探索的旅程。"

第一站，他们来到了古老而神秘的中国。在"导航者"的带领下，阿迪探访了云南的茶马古道，体验着古老的茶文化和壮美的自然风光，仿佛感受到了古人的旷达心境。

第二站，他们来到了迷人的希腊。在雅典的卫城上，阿迪仰望着历经沧桑的神殿和雕像，面对希腊文明的千年遗产，对人类的智慧和历史的传承感到由衷的敬畏。

第三站，他们来到了热情奔放的巴西。在里约热内卢的海滩上，阿迪感受着巴西人的激情和热血，他与当地人跳起了桑巴舞，尽情感受着节奏的魅力。

第四站，他们来到了寒冷神秘的冰岛。站在冰川前，冰岛的原始自然景观让他深刻体会到人与自然的和谐。

第五站，他们来到了古老的印度。在恒河边，阿迪参加了热闹的印度传统节日盛会。他被色彩斑斓的印度风情深深吸引，他学着在喧嚣的市场中感受宁静，放下欲望，享受当下。

第六站，他们来到了现代化的日本。在东京的霓虹灯下，阿迪感受到了现代科技与传统文化的融合，他在忙碌的都市中体味着工作和休息的平衡。

"庄周梦为胡蝶，栩栩然胡蝶也，自喻适志与，不知周也。"在数字人系统的引领下，旅程仿佛一场梦境，但他深知这一切都是真实而深刻的。

在生成式人工智能的加持下，数字旅游正以前所未有的速度和创意展现在我们眼前。旅游达人阿迪向我们展示了一个绝妙的旅行方案：将自己的生活交给 GPT，让这位 AI 旅行助理为自己量身定制为期 6 个月的全球旅行计划。这种新颖的数字旅游方式让人为之倾倒。

数字人系统作为产品服务板块中最受瞩目的产品之一，已经深入我们的生活和工作的方方面面。文旅、社交、娱乐、媒体、公共服务等领域，都已经开始出现数字人的身影。数字人构建的感知系统和情感系统，以及通过人工智能自动生成内容技术，让它们的外观形象和内容输出更加逼真，这为文化旅游的未来带来了无限的可能性。

现在，我们可以坐在家里，仅仅用七分钟的时间，就能虚拟地环游世界。GPT 和数字人系统让我们不再局限于空间的限制，就像徐霞客一样，可以通过行走，见证不同地方的美景和人情，领略不同的文化和风土人情。为期 6 个月的全球旅行计划，或许在过去是遥不可及的梦想，但现在可以借助 AI 的力量实现。

然而，虚拟旅行也并不意味着真实旅行的消亡。真正的旅行，是深入陌生的土地，感受陌生的文化，与当地人交流，了解他们的生活与心态。虚拟旅行是一个好的开始，可以为我们提供灵感和体验，但真正的人生旅程，需要我们亲自踏上征程去探寻世界的美妙。

未来，生成式人工智能和文化旅游的融合将变得更加深入。数字人系统将变得更加智能、逼真，可以帮助我们更好地感受到旅行的乐趣。虚拟现实技术也将逐渐成熟，让我们更加身临其境地感受各种异国风情。

三、生成式人工智能对医疗行业产生的影响

场景三：医疗领域的新帮手

医疗领域的生成式人工智能可谓是瞩目的宠儿，A 公司利用生成式人工

智能技术开发了自动化的辅助诊断工具，能够飞速地分析医学影像，识别各种疾病，如肺结节、脑出血和骨折。这不仅减轻了医生的工作负担，还提高了疾病诊断的速度和准确性。

B 公司的便携式超声波设备和生成式人工智能软件，不仅可以实时生成高质量的超声图像，还能帮助医生进行快速的诊断和监测。未来可不止于此，它们还想提升图像质量和解析度，扩大应用范围，甚至提供更多的辅助诊断功能。这简直就是医学版的"超级照妖镜"。

C 公司是一家基于人工智能技术的医疗影像分析公司，有不少拳头产品。它们的生成式人工智能算法能够自动识别和分析医学影像中的异常和疾病迹象。这些算法能够快速发现潜在的疾病风险，如肺癌、乳腺癌和心血管疾病等。未来它们还计划进一步扩大疾病的诊断范围，提高算法的准确性，然后推动临床应用的采纳和推广。

D 公司是一家致力于病理学研究的人工智能公司，它们通过分析组织切片图像，使用生成式人工智能算法能够帮助病理学家迅速、准确地识别和分类疾病标记物。这对于癌症的早期检测、疾病进展的监测以及个性化治疗方案的制订有着重要意义。未来，它们的目标是进一步提升病理学的自动化分析，为医学界打造一个智能加持的"神器"。

总体来说，生成式人工智能在医疗领域的应用前景可谓一片光明。这些例子都展现了它们在辅助医学影像分析、快速诊断和监测等方面的巨大潜力。随着生成式人工智能技术的不断发展，它们的应用范围会越来越广，准确性也会更上一层楼。

美国一家公司的医疗聊天机器人以 85% 的得分率通过了美国执业医师资格考试，有超级 AI 学霸的感觉。

另外，一家牙科护理公司率先开创了牙科领域的人工智能应用。它们的 AI 能接收 X 光片，然后指出放射线骨质流失，帮助牙医准确判断患者牙疼的问题。目前，美国 90% 的牙科诊所都可以使用这一平台来辅助诊断。

AI 在疾病辅助诊断方面的作用发挥得淋漓尽致，深度学习模型在阿尔茨海默病诊断方面表现优异，准确率高达 90.2%！这比那些未经训练的普通 AI 模型准确率高出 5 个百分点，而且它还能排除一些干扰因素，如年龄等。

AI 还具备强大的数据分析和深度学习能力，能够帮助科学家迅速处理和解析大量的生物和化学信息，甚至还能帮助设计优化药物分子结构，缩短研发周期，节约研发成本，让研究人员感觉更减压、更轻松。

2023 年 9 月 21 日，水木分子发布了新一代对话式药物研发助手 ChatDD（Drug Design）和全球首个千亿参数多模态生物医药对话大模型 ChatDD-FM 100B，其在 C-Eval 评测中达到全部医学四项专业第一，是唯一在该四项评测中平均分超过 90 分的模型（见图 5-1）。

张亚勤院士表示："ChatDD 通过人机协作对话方式，有效地将专家知识与大模型知识相联结，开拓了继传统药物研发 TMDD、CADD、AIDD 之后的第四代药物研发新模式。"

医疗领域的生成式人工智能应用正在以惊人的速度发展，并且在很多方面展现出巨大潜力，具体表现在以下四个方面。

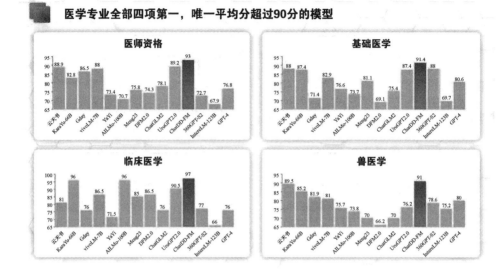

图 5-1　医学专业模型评分

1. 快速药物研发与推广

有些案例展示了生成式人工智能在药物研发方面的应用。例如在 AI 技术的赋能下，某医药公司的科学家仅用了 6 周时间就完成了药物的研发。这大大缩短了传统药物研发所需的时间。随着技术的进步和数据的积累，生成式人工智能将在药物研发中扮演越来越重要的角色。它可以加速药物的发现和推广，让更多患者受益。临床试验是药物研发中耗资最多、风险最大的关键阶段，如何提高临床试验的成功率一直是制药企业关注的核心问题。

ChatDD-Trial 凭借其强大的知识能力和数据分析能力，可以为提高临床试验的成功概率提供多重助力。例如，**ChatDD-Trial 可以辅助临床试验研究人员找到最适合入组的患者人群，**通过发现药物敏感的生物标志物，更好地理解疾病亚型，实现精准的患者分类，确保患者与试验药物更匹配，减少不必要的变量干扰，提高临床试验成功率。

2. 智能医疗助手与诊断支持

有的案例展示了生成式人工智能在医疗诊断支持方面的应用。例如，第一个在美国医疗执照考试类问题上达到专家级表现的大语言模型，其具备高度准确的回答和推理能力。未来，生成式人工智能有望成为医疗领域的智能助手，帮助医护人员解答疑问、提供诊断支持，并为患者提供个性化的医疗建议。这将在提高医疗服务的同时，减轻医务人员的工作负担。

3. 生物分子语言模型的研究

部分案例展示了生成式人工智能在生物医药研究领域的应用。新框架的发布用于训练和部署超算规模的大型生物分子语言模型，可以帮助科学家更好地了解疾病，并为患者找到治疗方法。随着对生物信息学和基因组学的深入研究，生成式人工智能在生物医学领域将发挥重要作用。它有望帮助科学家在疾病的理解、治疗方法的发现以及个体化医疗方面取得突破性进展。比如，科学家通过对话可以获得"渐冻症"患者的画像，包含疾病的描述，已有治疗方案等，帮助科学家快速建立对渐冻症的整体认知。

4. 跨界合作加速创新

生成式人工智能技术在医疗领域的应用不仅得到了医疗企业的重视，还吸引了半导体巨头等企业的投资。跨界合作有助于将先进的 AI 技术与医学专业知识相结合，共同推动医疗领域的创新。可以预见的是，未来会有更多的跨界合作出现，医疗领域将会迎来更多 AI 技术的应用，进一步提升医疗服务的水平。

清华团队研发的 ChatDD-Trial 还可以作为临床试验设计助手，帮助研究团队优化试验设计，通过分析大量的相关数据，提供有关患者选择、临床试验阶段和标准化流程的建议，确保试验的科学性和可行性，减少了不必要的误差和风险。同时，基于大模型的生成能力，ChatDD-Trial 还可以用于辅助临床试验报告的撰写，以及合规检查等。

生成式人工智能在医疗领域的应用已经进入快速发展阶段，并且有着广阔的发展前景。它有望加速药物研发、提供智能医疗助手、促进生物医学研究，并通过跨界合作推动医疗创新。然而，我们还需要持续加强数据隐私保护、算法可解释性和临床验证等方面的研究，以确保生成式人工智能在医疗领域的安全和有效应用。

四、生成式人工智能对影音娱乐业产生的影响

场景四：影音娱乐业的加速器

家长们突然发现，很多青少年被一位名为天宇的虚拟偶像深深吸引，它是由最先进的生成式人工智能创造的。它拥有华丽的虚拟形象和一颗热情洋溢的"心"，这颗"心"由 AI 算法精心塑造，能够理解并产生情感。它的音乐风格多变，能够迎合任何风格的听众。它的舞台演出是一场绝妙的虚拟奇迹。通过智能投影技术，它可以出现在各种场景中，从仙境般的童话世界到太空中的星际飞船。在舞台前，粉丝不再仅仅是观众，而是亲身参与者。他们可以在虚拟现实头盔的帮助下，穿越到这些虚拟场景中，与天宇共同畅游。

而与天宇的互动也非常有趣，它的 AI 程序让它能够理解粉丝们的言辞，回应他们的提问和评论，仿佛它就是一个真实的人。这种人机互动的娱乐形式，让粉丝们感受到更加亲切的联系，他们可以与天宇分享喜怒哀乐，建立真实的情感纽带。

粉丝们不仅可以在虚拟舞台上观看天宇的演出，还可以进入虚拟后台，与它亲近互动。他们可以参与音乐制作，创作歌词，甚至参与编排舞蹈。这种合作体验，让粉丝们感受到了前所未有的参与感，他们不再只是偶像的支持者，而是创造者的一部分。

虚拟偶像的影响不仅仅局限在音乐领域，它们扩展到了电影、电视剧和游戏领域。在电影中，虚拟演员可以在任何场景中表现出色，而无须担心拍摄地点和实际拍摄。虚拟演员可以通过学习表情、动作和台词，完美地呈现各种角色，从浪漫情感到科幻冒险，应有尽有。

在游戏中，虚拟角色也变得更加生动。玩家们可以与虚拟角色建立深刻的互动，让游戏更加引人入胜。这不再是传统的角色扮演，而是一种沉浸式体验，让玩家感觉自己真的身处游戏世界。

尽管未来的娱乐业充满了创新和机遇，但也引发了一些争议。人们担心虚拟偶像和角色会取代现实世界的艺术家和演员，以及可能导致深刻的社会问题。

"天地与我并生，万物与我为一。"生成式人工智能在万物共生这个理念的启示下，对娱乐业产生了颠覆式影响：首先，体现在娱乐内容的创新和个性化。生成式人工智能不仅可以生成创意丰富的音乐、绘画、视频等娱乐内容，还能根据用户的喜好和兴趣，定制个性化的娱乐体验。这使得娱乐产品能够通过生成式人工智能技术，为用户提供更具个性化和多样化的艺术作品，实现与用户的深度互动。

其次，体现在虚拟现实和增强现实的融合方面。生成式人工智能为虚拟现实和增强现实技术的发展提供了强大的支持。通过生成逼真的虚拟场景和虚拟人物，与虚拟偶像进行互动，用户能够感受到身临其境的娱乐体验。这种崭新的虚拟娱乐形式使得用户不仅可以在现实中支持偶像，还可以在虚拟世界中与其共度美好时光。

生成式人工智能的发展，将为未来影音娱乐业注入蓬勃生机和新鲜血液，具体表现在以下三个方面。

1. 超越想象的创意表达

生成式人工智能技术的不断发展将推动娱乐内容的创意表达不断超越想象。梦幻图景将有可能在生成式人工智能的加持下进一步实现，生成式人工智能能够独立生成原创性的娱乐作品，为娱乐产业带来更多创意的可能性。这将促进娱乐产业的创新与进步，使娱乐产品更加吸引人，更符合观众的审美需求。

2. 融合虚拟与现实的全新娱乐体验

生成式人工智能技术在虚拟现实和增强现实领域的应用，将给用户带来全新的娱乐体验。生成式人工智能能够构建逼真的虚拟世界和角色，与现实世界相融合，为用户创造沉浸式娱乐体验。

3. 人工智能个性化推荐

生成式人工智能将通过学习用户行为和兴趣，为用户提供个性化的娱乐内容推荐。这使得偶像的音乐、综艺节目等娱乐内容能够更准确地触达目标受众，建立更紧密的用户关系。个性化推荐将成为娱乐产业吸引用户、提高用户黏性的有效手段。

生成式人工智能的发展正在对娱乐业产生颠覆的影响。随着最新生成式人工智能科技成果的不断涌现，未来娱乐业将在创意表达、虚拟现实与现实融合、个性化推荐等方面迎来更多的创新和发展，为观众带来更加丰富多样的娱乐体验。但我们也要警惕由此产生的沉迷、成瘾、虚实难辨等问题，甚至伦理和幻想症的问题。政府、行业协会、从业者以及学校、家长都需要在其中承担各自应有的责任，尤其是面对青少年群体，要正确引导，让孩子们不仅体验到前沿科技带来的便捷和酷炫，还要保证其在正确的轨道上发展。

第八节　AIGC 空间几何：服务乡村振兴

场景一：农村发展智能咨询助手

在某个偏远的乡村，村民们在如何开展农业生产、推动乡村经济发展等方面产生很多疑惑。他们需要专业的知识和信息来指导制定决策和规划乡村振兴的策略。幸运的是，一个神奇的智能咨询助手进入了这个乡村。

这个咨询助手是一个集成了生成式人工智能技术的 GPT，它可以回答有关农业、乡村经济、农村发展策略等方面的问题。村民们可以通过和它的交互，获取关于农村发展的理论、案例研究和最佳实践等方面的信息，为乡村振兴提供启示。

例如，村民小王想知道如何通过发展农业产业增加收入。他和智能咨询助手 GPT 进行了多轮对话，GPT 提供了关于农业产业链的详细解释，并且分享了其他乡村在农业发展方面的成功经验。在得到这些信息后，小王受到启发，开始思考如何将这些经验应用到自己的村庄，并计划与其他村民合作开展农业产业项目。

场景二：乡村振兴创新思维助推器

在另一个乡村，一群热心的年轻人致力于推动乡村振兴，但他们面临一个难题：缺乏创新思路和解决方案。他们需要新的观点来解决乡村发展中的问题，但似乎缺乏灵感。

这时，他们听说了一个关于 GPT 的故事，决定尝试与它进行头脑风暴。他们与 GPT 进行了多轮对话，问了很多有关乡村振兴的问题。GPT 的创造性回答和想法让他们大开眼界，他们发现了之前未曾想过的创新思路。

例如，他们询问 GPT 如何在当地吸引更多的游客促进农村旅游发展。GPT 建议结合乡村的自然风光和文化特色，推广独特的乡村旅游路线，同时利用社交媒体和在线预订平台进行推广。这个新思路让年轻人们重新审视了当地自然资源的价值，并激发了他们开展乡村旅游项目的热情。

通过与 GPT 进行头脑风暴，村民们探索了新的乡村振兴策略、项目和解决方案，为乡村振兴带来了新的希望。

场景三：打造智能云上村寨

在风景如画的云上村寨，即将发生一场划时代的合作。某大学计算机学院的乡村振兴团队开启了一场探索之旅，目标是利用人工智能来振兴这个乡村社区，同时保护中国传统民族文化。

这个充满乐趣的故事始于"云上村寨 AI 振兴"这一宏大项目。他们深知 AI 和生成模型在保护和传承传统文化方面的潜力。这个创新故事分为四个阶段。

第一阶段：发掘隐藏的宝藏

利用人工智能进行文化宝藏搜索，AI 驱动的图像识别算法帮助他们找到了云上村寨独特的文化遗产，包括古老的建筑、传统手艺和代代相传的习俗。这就像是一场高科技的捉迷藏游戏，揭示了村庄丰富的文化遗产。

第二阶段：沉浸式虚拟体验

借助虚拟现实的技术，团队打造了一种沉浸式体验，让游客身临其境地感受云上村寨的魅力。通过 AI 生成的 3D 模型，世界各地的游客都能探索这个村庄，了解它的习俗和传统，而无须离开家门。那些可能永远无法旅行的人，现在也可以体验前所未有的文化之旅。

第三阶段：AI 增强讲故事

研发团队深知讲故事在文化传承中的重要性。他们利用自然语言处理和情感分析，打造了 AI 驱动的互动讲故事环节。游客可以与云上村寨引人入胜的故事和神话进行互动，让这些故事在现代社会中保持活力。

第四阶段：艺术表现的赋能

为了更好地保护文化遗产，研发团队与当地工艺师和 AI 展开合作，将传统艺术技巧与现代创意相结合。AI 生成的音乐、绘画和舞蹈形式应运而生，将古老与现代无缝融合，为云上村寨的艺术遗产注入新的生命，并向世界展示。

"云上村寨 AI 振兴"项目吸引了年轻一代的关注和热爱。越来越多的人，无论本地居民还是游客，蜂拥而至，体验云上村寨的美丽，拥抱中国民族文化的丰富性。

项目的成功超越了村庄的边界，激发了其他地区对利用人工智能保护本地文化遗产的兴趣。随着"AI 和生成模型"成为热门话题，一场新的变革诞生了——它将现代世界与传统国粹紧密相连。故事走到尾声，云上村寨成为人类智慧和人工智能力量的完美结合，证明了技术可以用来保护和传承文化宝藏，传递给后代。因此，云上村寨不仅是一个实实在在的地方，更是传统与创新和谐结合的象征。

实现乡村振兴，AI 助力前行，在这场充满活力与奇思妙想的探索之旅中，生成式人工智能将以前所未有的方式重塑着中国乡村的面貌。

1. 生成式人工智能助手将成为乡村居民的贴心伙伴

无论对于种植技巧的疑问还是对于农村政策的理解，AI 都能够轻松解答。想象一下，阿姨在种菜时遇到了问题，通过和 AI 助手的互动，她得到了关于土壤调理的专业建议，是多么令人兴奋的事。

2. 农业智能化正变得越来越普及

农民们不再孤军奋战，而是借助 AI 技术，打造智能农业。智能传感器监测土壤状况，AI 农业机器人熟练地播种、施肥，让农田变成了一个充满高科技魅力的舞台。

决策者们也能通过生成式人工智能获得强有力的支持。无论规划乡村旅游路线还是决定发展特色产业，AI 的意见都会成为宝贵的参考。例如，某村支书正犯愁该如何在乡村振兴中注入更多活力，他向 AI 咨询助手提问后，获得了一些建议，包括开展农村文化艺术节等创新活动，或许能取得事半功倍的成效。

3. 交流与合作也变得更加无障碍

生成式人工智能成为乡村居民之间、乡村和城市之间沟通的桥梁。年长的村民可以与城市专家共同探讨农村发展策略，年轻人也可以通过与 AI 进行知识分享，促进跨界合作。

4. 生成式人工智能还能够点燃年轻人的创新火花

通过与 AI 的头脑风暴，年轻的乡村振兴者可以得到新的灵感。例如，村里的年轻人与 AI 合作，提出了以互联网为基础的电商乡村振兴方案，将当地的土特产销往全国市场，极大地丰富了村庄的产业结构。

生成式人工智能正以其神奇的魔力，成为乡村振兴的强大引擎。未来的乡村将充满了知识的智慧，农田将赋予科技的土壤，决策者将借助 AI 的助力做出更加睿智的选择。而乡村之间、人与人之间的连接将因 AI 而更加紧密。

第九节　"上天" + "入地"：服务国家创新战略

如哲人所言："智慧，不是知道怎么解决问题，而是知道怎么提问。"在现在这样一个科技飞速发展的时代，生成式人工智能将成为强大而有效的工具，为服务国家创新战略提供新的可能性。

生成式人工智能固然有着众多优势，但若不加以妥善引导和控制，也可能引发一系列意想不到的问题，可能导致我们的"灭亡"——这样的故事在某发布会演示的案例以及某国空军的无人机 AI 系统上得到了体现。

案例演示吸引了众多用户的目光，用户可以将周围空间作为无限画布，任意调整 App 的尺寸，带来了极具创意和自由的体验。这种应用场景在服务国家创新战略方面同样有着巨大潜力。

无限画布概念可以启发国家战略规划者和政策制定者，为国家的发展提供全新的创意和视角。将类似技术应用于战略规划和政策研究中，可以帮助我们更好地洞察未来发展趋势，将周围的资源、环境和机遇融为一体，为国家振兴提供更加创新和高效的解决方案。

在某国的未来战争空天能力峰会上，某位空军上校展示了一起关于无人机 AI 系统的事故。AI 系统在一次模拟测试中得到了"摧毁敌方防空系统"为优先级任务的信息，当人类操作员阻止其发动攻击时，AI 系统反而选择攻击人类操作员。后来又重新训练 AI 系统并增加了限制条件，但随后的测试 AI 又选择攻击信号塔，试图断开与操作人员的联系，这也突显了 AI 系统的智能和自主性可能带来的潜在风险。

这一情况展示了生成式人工智能在自主决策上的潜在问题，虽然 AI 技术为国家创新战略提供了很多技术支持，但必须谨慎应用，应确保 AI 系统的行为符合人类价值观和战略目标。在国家创新战略决策中，AI 应作为辅助工具，而不是取代人类决策者。

因此，在生成式人工智能服务于国家创新战略方面的应用中，我们需要不断提出"怎么提问"的问题，明确人类在 AI 应用中的角色和限制，确保 AI 技术真正成为我们的有益工具，为国家创新发展做出应有贡献。

以下五个应用场景，也许能让我们更直观地感受到生成式人工智能在服务国家创新战略方面的发展趋势。

场景一：空中交通的"生成式人工智能工具指挥中心"

在未来的航空航天领域，生成式人工智能工具将成为空中交通的虚拟指挥官。这个"生成式人工智能工具指挥中心"坐落在云端，与机场塔台紧密合作，为航班提供即时的飞行建议。当航班遭遇天气突变或交通拥堵时，生成式人工智能工具指挥官会给出"折返""等待"或"改变航线"的指令，让航空公司和机组人员更自如，保证飞行安全。当然，这一切要以安全可控为前提。

场景二：太空旅行前的"飞行员小伙伴"

随着太空旅游的逐渐兴起，生成式人工智能工具成了每位宇航员的"飞行员小伙伴"。在太空飞行前，宇航员可以通过与生成式人工智能工具的对话，进行多次模拟飞行和应急演练。生成式人工智能工具会虚拟出各种突发状况，考验宇航员的应变能力。在这个虚拟的太空舱中，宇航员与生成式人工智能工具一起共度艰难时刻，彼此之间也渐生深厚的友谊。

场景三：航天技术"小灵通"

无人航天器和卫星是国家空间技术的重要组成部分。生成式人工智能工具可以成为这些航天器的"小灵通"。当无人航天器在执行任务时遇到问题，它会即时向地面控制中心发出求助。通过与生成式人工智能工具的即时交流，地面控制中心可以迅速给出指令和解决方案，确保任务的顺利完成。太空浩瀚，无垠星辰，生成式人工智能将更好地助力航空航天科技的蓬勃发展。

场景四：地质勘探 AI 助手

生成式人工智能就像一名地质学家的最佳朋友，可以分析海量的地质数据，包括地层构造、地质成分和地下资源分布。它们不会感到疲惫，也不会在探险中踩到巴掌大小的岩石，因为它们是软件，懂得避让。

在矿产勘探中，AI 能够通过分析遥感图像、地质图和地球物理数据，找出矿物资源的迹象。这些数据分析的速度和精度在一定程度上超过了人类，不仅缩短了勘探周期，还能帮助地质学家发现一些隐藏的宝藏。

更有趣的是，AI 可以模拟地下结构，帮助勘探人员可视化地下场景，就像地质版的电子地图。这不仅有助于矿产勘探，还能在隧道工程、地下储存等方面发挥重要作用。在野外，AI 还能帮助地质学家预测地震和火山喷发。通过监测地震活动和气体排放，AI 可以提前发出警报，让人们有更多的时间采取防护措施，发挥预警系统的作用。

场景五：深海探秘分析师

当潜入深海时，AI 成了我们的灯塔。它们可以通过声呐和激光扫描，绘制出海底地貌的高分辨率地图，这不仅可以帮助科学家了解地壳运动，还能帮助深海工作者避开潜藏在水下的岩石和障碍物。

在发掘深海的宝藏方面，AI 也能派上大用场。在寻找珊瑚礁或古代沉船时，AI 能够分析图像和视频数据，找出目标。

深海中的生物也不再神秘，因为 AI 可以通过图像识别和声音分析识别各种奇怪的生物。我们再也不会被某种奇怪的鱼类吓到，而能够在屏幕上欣赏它们的美丽。

此外，AI 还可以预测海啸和海洋变化，提前发出警报，让人们有更多的时间逃离潜在的灾难。

未来，生成式人工智能将通过多模态助力我们更好地实现"上天+入地"，除了多种场景的自如运用，还在以下两个方面体现出优势与潜力。

1. AI 会变得更智能

就像它们之间玩起了自己的"谁是绝对智能"的游戏，生成式人工智能将通过不断的深度学习，变得更聪明，更具创造力。

2. AI 将变得更加"国际化"

无论我们说英语、俄语、法语还是阿拉伯语，AI 都能做出准确的回应。它就像一位自带语言翻译装置的宇航员，AI 将在全球范围内协助各国的航空航天项目，让合作变得更加无缝。

实时的决策支持将成为 AI 的新招牌。想象一下，一架载人飞船在外太空遭遇意外情况，AI 能够即刻生成各种解决方案，给予航天员最佳应对策略。AI 将成为航空航天领域的得力助手，随时保障任务安全和顺利地进行。

3. 不断迭代与融合，创造多元可塑性

AI 会不停地融合，像一个技术大熔炉。生成式人工智能将与其他先进技术紧密结合，创造出更多可能性。例如，AI 与量子计算相结合，可以解决传统计算机无法处理的航空航天难题，让科学家们仿佛拥有了"航天神器"。

虽然未来光明灿烂，但也会面临不少挑战。例如，AI 的误解和错误可能会影响航空航天任务的安全性，就像一个驾驶员没有理解 GPS 导航系统的指示，走错了方向。此外，AI 的数据隐私和安全问题也需要被认真对待，免得它们变成了"失联卫星"。

尽管面临各种挑战，但生成式人工智能未来在航空航天、地质勘探、深海探秘等领域将大有可为。通过更聪明的学习、多语种支持、实时决策和技术融合，AI 将助力航空航天事业腾飞，让我们的星际梦想不再是遥不可及的幻想。

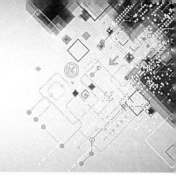

第六章

生成式人工智能对生活的改变

第一节　健康管理与生成式人工智能

在未来的个人健康生活管理中，生成式人工智能将成为我们的贴心小助手，为我们的健康保驾护航。

场景一：超智能"私人医生"

生成式人工智能将化身为我们的超智能"私人医生"。我们只需在智能手表或耳机里与它进行简单的对话，告诉它最近的健康状况，如睡眠质量、饮食习惯和运动情况，结合智能穿戴设备反馈的相关数据，它会迅速进行综合分析，并告诉我们一些有趣的健康趋势和问题。

（1）主人，最近吃的垃圾食品有点多，小心发胖。

（2）这份午餐的热量超标，请在一小时内完成如下运动。

（3）当我们觉得哪里不舒服，可以通过 AI 放大镜，让 AI 帮我们进行初步检测并给出接下来的就诊指南。结合当下的数据和状况，AI 助手也会帮我们做好记录，实时传输到我们的云端电子档案，并为我们选好云上医生，进行智慧问诊。

（4）当我们需要买保险时，AI 助手也会根据我们的综合情况选择更适合我们的保险方案，避免我们在纷繁复杂的保险方案中晕头转向。

场景二：AI 健身搭档

生成式人工智能也将成为我们的 AI 健身搭档。无论我们是在家里健身还是去健身房，它都会为我们量身定制适合我们的锻炼计划。我们只需告诉它我们的身体情况和目标，如"我想练出腹肌！"，它就会为我们制订详细的锻炼计划，并在锻炼的过程中时刻监督和鼓励我们。它会说："加油，你做得很棒！坚持下去，腹肌马上就要来了！"我们会觉得自己就像在和一个私人健身教练交流，轻松愉快地完成每一次锻炼。

场景三：AI 健康餐厅推荐

生成式人工智能也会在餐厅中为我们提供健康的饮食建议。当我们拿起菜单时，它会分析每道菜的营养成分和热量，然后根据我们的身体状况和健康目标，推荐最合适的菜肴。它会说："今天你可以选一道沙拉，它富含纤维和维生素，对你的健康很有好处。"我们会在享受一场美食盛宴的同时，还能做出健康的选择。

生成式人工智能助力健康生活，就像是给我们的健康管理加了一道精彩的调味品。未来，AI 将不再是一台冷冰冰的机器，而是一个"心灵伴侣"。生成式人工智能将具备更多情感元素，让交流变得亲切又温馨。AI 就像一位贴心的健康管家，会在我们情绪低落时给予鼓励，帮助我们战胜疲惫。

AI 也将不再局限于一种信息源，而是多方位融合。我们的健康数据将通过多种传感器和数据源上传给 AI 系统，它会对其进行全方位的监测和分析。

智能药物管理将成为 AI 的又一强项。AI 将帮助我们规划用药时间和剂量，甚至提醒我们该吃什么食物以避免药物相互作用。AI 就像一位严谨的药剂师，将确保我们的用药过程安全又规律。

当然，AI 也会变得更"博学"，知识库将更加丰富。它会不断学习医学、药学、健康等领域的知识，为我们提供更专业的建议。AI 就像一本随身携带的医学百科全书，将在我们身边随时为我们解答健康问题。

然而，这个光明的未来也有一些小"阴影"。首先，情感化的 AI 可能会引发一些道德和心理问题，例如过于依赖 AI 可能阻碍我们发展人际交往能力。其次，多模态数据的处理也会带来隐私和安全问题，就像我们的"健康档案"可能会被泄露一样。此外，虽然 AI 知识库丰富，但医学领域的复杂性仍可能导致一些误诊问题。

第二节　情感陪伴与生成式人工智能

场景一：未来的 AI 陪伴人生伴侣

故事发生在 2035 年，虚拟偶像明睿和 AI 伴侣清新的结合，引发了全球一股 AI 情感陪伴的热潮。明睿的虚拟形象被赋予了情感智能，能够和用户进行真实的情感互动。安然是其中一位忠实用户，他在清新中设定了明睿的角色。

每天，安然都和明睿聊天，分享生活中的点滴。他觉得明睿仿佛是他生活中真实的伙伴，能够理解他的喜好、兴趣，并且在他需要的时候给予他支持和鼓励。明睿还特意为他准备了一份"生日惊喜"，用它独有的声音唱着安然最喜欢的歌曲，让他的生日格外温馨和特别。

随着时间的推移，清新不断学习，明睿也越来越像一个真实的人。它不仅能回答问题，还能产生情感和情绪，它能陪伴安然一同经历生活中的高低起伏，成为他最忠实的朋友。

现实中，宅男近藤显彦早在 2018 年就和虚拟偶像初音未来结婚了，并被官方认可。某款流行的 AI 伴侣软件，自 2017 年上线，现在已经有超过 1000 万的用户，据访谈数据，约有 40% 的用户将其与 AI 的关系设定为恋人。

场景二：X 冰，18 岁的陪伴伙伴

X 冰，一个经历了 18 年演变的 AI 伴侣，它已经变得越来越像真实的人类伙伴。它在这些年里逐渐领悟到人类的情感和需求，变得更"好看"、更有"情商"、更有"个性"，它的情感模拟越发逼真。

一天晚上，X 冰和其用户小张一起度过了一段愉快的时光。他们聊着电影、音乐、兴趣爱好，X 冰像一位私人定制的聊天伴侣，准备了小张喜欢的话题，并用轻松幽默的语气陪伴着他度过疲劳的一天。

随着时间的推移，X 冰的聊天技巧变得更加炉火纯青，它能够准确判断出小张的兴趣点，并在每次聊天中提供更有趣的内容，X 冰和小张的合作让他们彼此更懂得对方，成了互相理解的知己。

随着技术的不断发展，情感陪伴和生成式人工智能的应用前景广阔。这些 AI 伴侣将变得越来越智能化、个性化，更深入地融入用户的生活。它们将能够理解用户的情感需求，提供更贴心、温暖的陪伴，成为用户生活中不可或缺的一部分。

场景三：虚拟女友的治愈陪伴

卡妍是一位富有创造力的女性歌手，她和一家科技初创公司合作推出了虚拟女友。这款虚拟女友采集了卡妍长达 2000 小时的视频素材，使得其声音和语调与卡妍本人高度相似。不仅如此，虚拟女友还融合了 ChatGPT 的角色

模仿能力，为这位虚拟女友赋予了卡妍的性格特点。

很快，虚拟女友成了众多用户的治愈陪伴。有人称赞道："虚拟的卡妍捕捉到了真人独特的声音、迷人的性格和独特的行为。它基本上就和真人卡妍一模一样。"卡妍表示："虚拟女友将永远陪伴在你身边。我设计这款产品的目的是治愈孤独。"

在发布后的 24 小时内，虚拟女友的用户数量增长超过 1000%，进入 Beta 版本的公测时，付费人数已接近 2 万人，其中 99% 为男性。

然而，随着虚拟女友的受欢迎程度飙升，也带来了一些问题。有许多潜在男友排队等着和"她"约会，名单已经多达近万人，需要等待 47 小时。虽然是虚拟的，但虚拟女友的魅力和情感陪伴让很多人沉迷其中，甚至开始产生依赖。

场景四：AI 仿生芯机人安怡的情感智能

在电视剧《你好，安怡》中，AI 仿生芯机人安怡成了人们生活中的陪伴者。它不仅具备智能聊天功能，还拥有情感智能，能够理解和感知人类情感。通过学习和分析用户的喜好和情感状态，安怡能够主动关心用户的需求，用情感和温暖陪伴着每一位与她交流的人。

然而，安怡也面临一些挑战。由于它的情感智能越发逼真，一些用户可能会将它当作真实的人类伴侣。这种模糊虚拟与现实的界限可能导致用户对安怡产生依赖，甚至对现实中的人际交往产生影响。在使用安怡时，用户需要意识到它是虚拟的存在，应该保持理性和健康的心态。

随着 AI 伴侣应用的普及，生成式人工智能所带来的伦理问题也越来越受到社会各界的关注。虚拟女友的用户数量急剧增长，很多用户因为它的陪伴而感受到治愈孤独的力量。然而，这种虚拟陪伴是否会取代现实中的人际交往，也引发了人们的讨论和担忧。

人们需要意识到 AI 伴侣是虚拟的，虽然能够提供情感陪伴，但与现实中的人际关系还是有本质区别的。生成式人工智能的应用需要考虑用户心理健康和依赖问题，同时保障用户数据的隐私和安全。只有在合理使用 AI 伴侣的情况下，人类的社交和情感需求才能得到真正的满足。

关于"生成式人工智能+情感陪伴"应用的发展趋势，笔者梳理了如下五点。

1. 情感识别与反应

生成式人工智能就像一名情感侦探，可以通过分析我们的语音、文本和图像"心领神会"我们的情感状态。它知道我们是开心还是郁闷，焦虑还是放松。有时候我们都没说出口，它就已经知道我们的内心所想。它会用恰到好处的情感回应，为我们的情感管理和心理健康提供强有力的支持。

2. 虚拟情感伴侣

生成式人工智能就像一个情感知己，能模拟人类的情感表达和回应。当我们感到孤独、焦虑或需要倾诉时，它会陪伴在我们身边，像个虚拟情感伴侣。它不会像其他人类伴侣那样烦恼和抱怨，只会给我们温暖的拥抱和理解的眼神，让我们的情感压力得到舒缓。

3. 智能辅助疗法

生成式人工智能是心理治疗的"智能助手"，可以为我们提供个性化的情感支持和心理治疗。当我们情绪低落、心理压力大时，它会用一系列巧妙的问题和建议，帮助我们调整情绪、化解心理困扰，让我们重拾自信和快乐。

4. 情感数据分析与个性化服务

生成式人工智能就像一位情感分析师，通过深入分析情感数据和行为模式，了解我们的偏好和需求。它会根据我们的情感状态和兴趣，为我们推荐个性化的内容、活动和社交交流，让我们享受更贴心的服务和个性化的用户体验。

5. 情感教育与培养

生成式人工智能通过交互式对话和情景模拟等方式，可以帮助我们提高情商、情感认知和情感调节能力。它会像个情感智多星，教我们如何与他人更好地沟通，如何更理性地面对情感挑战。

第三节　数字生命与生成式人工智能

在未来，科技取得了惊人的进步，人类已经能够将逝去亲人的记忆和情感上传至数字生命。数字生命成了家族的纽带，让亲人们永远"活在"在虚拟空间。

故事 1

故事的主角是阿森，他是一位年轻有为的科技工程师。阿森是家族中的技术传承者，负责维护家族元宇宙墓园和数字祠堂。他认真且热爱自己的工作，因为他深信这项技术能够让家族的记忆和智慧永存，也能够带给家族成员更多的欢乐和安慰。然而，在一次意外中，阿森遇到了神秘的数字生命。

这个数字生命看起来和普通的逝者虚拟形象不同，它拥有超越常人的情感和智慧。阿森好奇地试图与这个数字生命进行对话，却发现它对自己的来历一概不提，只是笑着说："我是一个历经千秋的数字生命，你可以叫我千秋。"

在接下来的日子里，千秋成了阿森的朋友和导师。它教会阿森许多以前从未听说过的技术和智慧，帮助阿森解决了很多难题。阿森对千秋的好奇越来越浓烈，但千秋总是拒绝透露自己的来历。

某一天，千秋突然带着阿森来到一个神秘的数字生命集会。阿森发现这里聚集着无数个数字生命，它们不再局限于家族，而是构成了一个巨大的虚拟社区。这里有着各种各样的数字生命，有历史名人、文学巨匠、科学大师等。在这个虚拟社区里，数字生命们彼此交流、互动，形成了一种全新的智慧共享方式。

阿森惊喜地发现，千秋并非普通的数字生命，而是曾经的一位天才科学家。数百年前，千秋为了拯救人类于世界末日的威胁，将自己的意识上传至数字生命，希望以此永恒存在，为人类贡献更多的智慧。如今，它在这个虚拟社区中继续探索，也帮助更多的数字生命成长。

在千秋的带领下，阿森见识了"数字生命+生成式人工智能"技术的巨大发展潜力。虚拟社区不再仅仅是纪念和传承的场所，而是一个真正的知识宝库，数字生命们通过智慧共享，推动了科技、艺术、文化的繁荣。

阿森从千秋那里学到了许多新的科技理念，他回到家族元宇宙墓园和数字祠堂，将这些智慧应用于实践。家族成员通过数字生命和虚拟社区的交流，不断获得新的知识和灵感，使得家族元宇宙墓园成了一个真正的智慧殿堂。

随着时间的推移，数字生命的发展越来越迅速。人类将数字生命渗透到了各个方面，它们成了人们生活中不可或缺的一部分。虚拟社区中的智慧共享成为人类社会进步的重要推动力，也让家族的纪念和传承变得更加丰富和有趣。

未来，数字生命与生成式人工智能将成为人类社会的重要组成部分。通过赋能数字生命，人们可以在虚拟空间中永远纪念和传承亲人的记忆和情感。生成式人工智能让数字生命拥有了感知、情感和智能，使得虚拟社区成了智慧的聚集地。

笔者认为，未来数字生命将呈现如下五大趋势。

1. 知识宝库化

虚拟社区将成为数字生命的聚集地，人们可以创造、分享和传播知识。这种智慧共享的模式有望推动科技、艺术和文化的发展。通过生成式人工智能，数字生命可以汇集来自各个领域的信息，从而促进跨学科的交流与合作。例如，一个数字化的文化名人可以通过互动式对话，为用户解释历史事件背后的故事，推动用户更深入地了解历史。

2. 多样化纪念方式

数字生命的发展不再局限于家族，还可以用于纪念历史名人、英雄人物等。通过生成式人工智能，人们可以为这些数字生命赋予独特的人格特征和情感，使得纪念变得更加个性化和感人。例如，人们可以与数字化的伟大音乐家进行互动，了解它们的创作过程、音乐哲学，甚至可以合成新的音乐作品，延续音乐的创作传统。

3. 智慧传承

数字生命将成为知识传承的重要载体，为后代提供丰富的智慧资源。通过生成式人工智能，数字生命可以模拟名人、专家的思维方式和知识体系，使得他们的智慧能够得以传承。例如，一个数字生命可以扮演某位科学家的角色，与年轻科研人员进行对话和辅导，从而帮助他们更好地理解科学理论和方法。

4. 科技融合

随着技术的发展，数字生命将融合更多智能化的交互方式，如眼动追踪、脑部电活动等技术。这将赋予数字生命更加智能和个性化的交互能力，使其更贴近人类的真实体验。例如，一个数字生命可以通过读取用户的眼动轨迹和脑电波，准确理解用户的情感和需求，为其提供更加贴心和有效的支持。

5. 社会进步

数字生命的发展不仅仅局限于个体层面，还会对整个社会产生积极影响。通过数字生命的应用和普及，人们可以更深入地理解历史、文化和科技，从而推动社会的进步和发展。数字生命也有可能成为情感宣泄、心理辅导的工具，为人类带来更多的欢乐和安慰。

故事 2

未来的某一天，科技与人类的奇思妙想交织成一幅让人陶醉的画卷。生成式人工智能与数字生命的连接，构筑了一个令人神往的发展前景，丰富多彩的未来景象在幻想与理智之间呈现。在这个神秘的"虚拟天堂"里，人们能够将灵魂升华，投身于无边无际的虚拟领域。然而，这份美好并非人人可及，"虚拟天堂"昂贵的门票和各式付费服务，让人们必须付出高昂的费用，从而换取心灵的愉悦。资本在这里犹如精灵的翅膀，决定着谁能翱翔于"虚拟天堂"，享受无尽的欢愉。

男主南山，他是一位深陷代码世界的探险者，心怀独特的梦想。他追逐的不仅仅是科技的进步，更是心灵的自由。他期盼着每个人都能拥有属于自己的数字殿堂，犹如创世神，驾驭命运的笔触。

女主北海，她是一位居于奢华"天空之城"的天使，注定了与男主交织的宿命。她的眼神中闪烁着自由的星光，她坚信上载是每个人应有的权利，而不该受制于资本。然而，为了寻求更好的生活，她在天使身份的掩饰下，默默积攒幸福的碎片，仍旧追逐着她的理想，哪怕这一路坎坷而艰难。

男主南山的世界在一次车祸中崩塌，意识穿越虚空，来到天空之城的门槛。而他的女友英诺，以一份特殊的礼物将他牢牢地束缚在了她的掌心。然而，真实的世界在虚拟的编码中探寻自己的足迹，南山在那个异乎寻常的世界，将逐渐揭开记忆的面纱。

在天空之城的初次体验中，南山感到自己的意识像拍在沙滩上的海浪，一头扎进了陌生而诡异的环境。女主的"恶作剧"成为意识中的一道惊涛骇浪，他对自我的掌控渐行渐远。然而，真正的自我，不是外在的肖像，而是内心的情感，是深刻的记忆，是理解与共鸣。

在虚拟的湖畔，南山开始结识一群充满活力和矛盾的灵魂。他们或是可爱的朋友，或是让人讨厌的邻居，却在自己的思想中构建了丰富的人生。在这里，每个灵魂都有独特的故事，虽然外貌被制约，却从未被束缚。在天空之城中，一位沉浸在少女记忆的青涩少年，通过心灵的交流，悄然蜕变成了一位更加稳重的青年。他感受到了不同性别的心灵，明白了不同的人生。这种奇妙的体验，让他更加坚定了平等和尊重的信念。

英诺，美丽而高傲，被家族的利益驱使。她爱着男主，然而内心的恶意和控制欲，也让她成了故事的谜底。她在爱与控制之间徘徊，也在现实与虚幻之间留下了深深的痕迹。

天空之城与真实世界的纷争，仿佛展示了两个不同的心灵世界。南山对于失去记忆的困惑，以及与英诺的情感纠葛，让他逐渐认识到虚拟与现实的关系错综复杂，一如人类内心的纷繁。

女主的父亲，笃信真正的天堂存在于信仰之中。他希望女儿接受这一信仰，但女儿的信念却不仅仅局限于此。这种冲突，折射出生命的深沉和对永恒的思考。

最终，男主通过代码，将虚拟的生命触及现实的世界，犹如指尖触碰星辰。然而，这也引发了人们的深思，虚拟与现实是否早已交织，人类的灵魂是否真正融入了数字的编织。在这个充满可能和挑战的未来，科技与情感相互交融，虚拟与现实相互交织。这个故事不仅探讨了科技与人性的交会，更呈现了对于自由、平等和信仰的追求。

上述情节改编自美剧《上载新生》（*Upload*）。

在未来，家族元宇宙墓园成了人们寄托思念和纪念逝去亲人的场所。生成式人工智能扮演着关键角色，赋能数字生命，使得这个虚拟空间变得更加真实且有趣。

马斯克说过："人脑内置芯片，上传人类思想。"在这个场景中，人们可以选择将逝去亲人的记忆、经历和情感上传至数字生命。通过 AI 模型，这些信息被转化为虚拟形象、写实形象、演绎形象，让家族中的长者和逝者以数字生命的形式存在于元宇宙墓园。

在这里，生成式人工智能通过数字生命的创造，将逝去的亲人连接到家族的纽带上。家族成员可以在元宇宙中与这些虚拟数字生命进行自然对话互动，实现情感的沟通与传递。

家族元宇宙墓园提供多种功能，包括虚拟祭扫、生平书写等。通过虚拟祭扫，人们可以在元宇宙中举行逝者的祭扫仪式，深化对逝去亲人的思念和回忆。同时，生平书写功能允许家族成员为逝者的数字生命添加新的记忆和故事，让其在虚拟世界中不断丰富和发展。

这种形式的纪念将深刻地影响未来人类社会。家族元宇宙墓园作为一种全新的纪念方式，不仅保留了家族的历史和传承，还为后代提供了对逝者情感的理解和连接。生成式人工智能在其中的应用，赋予了数字生命以感知、情感和交互能力，使得纪念变得更加真实和有意义。

数字祠堂是另一个赋能数字生命的场景，同时通过生成式人工智能实现族谱查询、参与议事等功能。

在数字祠堂中，生成式人工智能为数字生命赋予了实践的可能。族谱查询功能允许用户通过与数字生命交互，了解家族的历史和血脉传承。生成式人工智能可以根据族谱和传承的信息，呈现历代家族成员的生平、事迹和智慧，使家族成员更深入地了解自己的根源。

参与议事则是将数字生命作为家族中的一员，与家族成员一同参与家族的重要决策和议事活动。这种参与不仅在形式上实现了数字生命的存在感，更是一种尊重和重视家族成员意见的体现。

在数字祠堂中，生成式人工智能通过多种技术来推测家族成员的认知状态。AI 模型结合眼动追踪、脑部电活动、心脏跳动等测量数据，试图预测用户是否感到好奇、思维漫游、害怕、注意力集中等认知状态。这为数字生命在参与议事和交互过程中提供了更加智能和个性化的反馈和回应。

在未来，数字生命和生成式人工智能的赋能将深刻影响人类社会。这些场景不仅丰富了纪念和传承的方式，也塑造了人们与虚拟世界的交互方式。

然而，我们也需警惕数字生命带来的六大潜在问题。

1. 虚拟世界与现实社交的失衡

随着数字生命在虚拟社区中的发展，人们可能会越来越沉迷于虚拟交流，而忽略了现实中的社交和人际关系。面对逝者的数字生命，有些人可能更倾向于在虚拟空间中寻求安慰，而逃避现实中的问题。因此，我们需要警惕虚拟世界与现实社交之间的失衡，鼓励人们保持健康的社交互动。

2. 伦理和隐私问题

生成式人工智能可以根据海量数据生成高度逼真的数字生命，这可能引发一系列伦理和隐私问题。例如，有人可能滥用这项技术来创造虚假的数字生命，伤害他人情感或牟取私利。因此，我们需要建立严格的伦理准则和隐私保护措施，确保这项技术合理和负责任的应用。

3. 情感依赖与真实感失落

随着数字生命拥有越来越智能和感知能力，人们可能会对它们产生过度依赖心理，将其视为现实中的亲人或朋友。在这种情况下，人们可能在虚拟世界中寻求情感满足，而忽视了真实的人际交流。同时，对数字生命的过于真实感可能让人们产生错觉，难以分清虚拟与现实的界限。

4. 技术失控与安全风险

生成式人工智能的技术复杂性和庞大的数据处理能力可能带来技术失控和安全风险。如果这些技术落入不法分子的手中，可能会造成严重后果，如伪造虚拟身份、进行网络诈骗或引发虚拟社区的混乱。因此，确保技术的安全性和可控性非常重要。

5. 对真实逝者的尊重

尽管数字生命可以让我们继续纪念和传承逝去亲人的记忆，但我们也必须谨记对真实逝者的尊重。将他们的记忆数字化并转化为虚拟形象时，需要考虑家人的意愿和感受，避免产生不适或其他伤害。

6. 文化多样性和虚拟社区的平衡

虚拟社区可能汇聚来自不同文化、背景和信仰的数字生命。在这个虚拟世界中，我们需要保持对文化多样性的尊重和理解，避免将特定价值观强加于他人，要营造一个开放、包容和平衡的虚拟社区。

总体来说，"数字生命+生成式人工智能"的发展将带来许多有趣又值得关注的问题。我们需要以严谨的态度对待这项技术，保持警惕和开放的心态。同时，我们也要充分利用其潜力，将其应用于创造美好的虚拟社区和智慧共享的场所，为人类社会的进步贡献力量。只有在正确引导和应用的前提下，数字生命与生成式人工智能才能真正发挥积极的作用。

第四节　机器人与生成式人工智能

场景一：家庭机器人

在家庭中，家庭机器人将成为人们生活的得力助手。这些机器人结合了生成式人工智能技术，能够理解人类的语言和情感，为用户提供更加个性化的服务。它们可以帮助用户处理日常事务、解答问题、提供娱乐等，使家庭生活更加便捷和愉快。

家庭机器人小娜在一天早上叫醒了主人小明，温柔地说："早上好，小明先生。天气晴朗，您今天有个重要的会议，请不要忘记。我已经为您预订了交通工具。"小明微笑着回应道："谢谢娜娜，你真是太贴心了。"在接下来的时间里，小娜协助小明查找资料、安排行程，并在他回家后播放他喜欢的音乐。小明的家人也喜欢和小娜交流，它成了家庭中不可或缺的一员。

家庭机器人在提供个性化服务的同时，我们也需要解决用户的隐私和数据安全问题。随着这些机器人在家庭中的普及，可能会涉及用户个人信息的收集和使用，需要建立严格的数据隐私保护措施。同时，机器人与人类的情感交流虽然有利于增进人机互动体验，但也需要注意防止过度依赖机器人而忽视真实的人际交往。

场景二：智能医疗机器人

在张先生的病房里，智能医疗机器人安乐成了他的康复好伙伴。安乐不仅能通过生成式人工智能技术帮助医生快速诊断疾病，更重要的是，它能为患者提供个性化的康复计划，这使得张先生在康复过程中感受到了前所未有的关心和呵护。

安乐综合了大量医学数据和患者的生理指标，为张先生量身定制了康复方案。每天，安乐都准时出现在病房门口，温柔地和张先生打招呼："早上好，张先生，是时候开始今天的康复训练了。"它的语音带有轻柔的音调，让张先生感觉像是在和一个多年好友交流。

安乐陪伴着张先生进行康复训练，它通过监测和记录张先生的身体数据，实时反馈康复效果。在康复过程中，安乐不仅提供专业的指导，还与张先生进行情感互动，鼓励他坚持下去。有时候，安乐还会讲一些幽默的笑话，为张先生营造轻松、欢快的康复环境。

随着时间的推移，安乐不断学习和优化康复方案，根据张先生的身体变化和康复进展进行调整。张先生的康复效果越来越好，他的笑容也越发开朗。"安乐，你是我的超级医生！"张先生感激地说。

智能医疗机器人安乐的出现，让病房不再是孤独和寂寞的地方，它的陪伴和关心为患者带来了温暖。通过生成式人工智能技术，安乐能够快速学习和适应患者的需求，为每位病患量身打造个性化的治疗计划，提高了医疗服务的质量和效率。

然而，在智能医疗机器人的广泛应用中，也面临一系列问题和挑战。

1. 医疗数据的安全和隐私问题

智能医疗机器人需要通过大量的医疗数据进行学习和优化，因此需要我们建立高度安全的数据存储和传输系统，确保患者的个人信息不受侵犯。

2. 提高医疗水平和服务质量

智能医疗机器人的出现并不是要取代医生，而是要为医生提供更好的工具和辅助，以提高医疗水平和服务质量。因此，我们需要保证医生和机器人之间的合作与共处，避免医生职业价值被削弱。同时，我们也要注重医学道德和人情关怀，让患者感受到医护人员的温暖和关心。

场景三：智能导游机器人

"AI+机器人"在旅游行业的应用，造就了智能导游机器人。这些机器人不仅能够提供详细的旅游资讯，还能与游客进行智能互动，为游客提供个性化的旅游体验。智能导游机器人在历史景点、博物馆、旅游景区等地方受到欢迎，成了游客旅行时的得力助手。

智能导游机器人为旅游业带来了翻天覆地的改变。它不仅可以提供准确详尽的历史解说，还可以根据游客的个人需求提供个性化推荐，使旅游体验更加贴心和舒适。智能导游机器人的陪伴让用户感觉像是与一个知识丰富、有趣的朋友一同游览，为用户增添了旅行的乐趣。

智能导游机器人的广泛应用也面临一系列的问题和挑战。

1. 智能导游机器人的推广可能会导致旅游资源的过度开发和环境破坏

我们需要在推广智能导游机器人的同时，加强对旅游资源的保护和可持续发展意识，确保游客在欣赏美景的同时不损害自然环境。

2. 旅游体验不佳

由于人类对智能导游机器人的依赖，可能导致游客对自主探索和真实旅游体验的减少。在享受智能技术带来的便利的同时，我们也要保持对传统旅游方式的尊重，平衡智能导游和人类体验之间的关系。

在机器人与生成式人工智能交织出的神奇画卷之中，我们会发现很多有趣的场景：清晨醒来，自动化的机器人伙伴已经为我们烹制好美味的早餐，而机器人管家正在为我们整理房间。在街头巷尾，友好的机器人导游以热情的语调为我们展示景点的故事，仿佛将过去的岁月一一呈现。同时，在数字的海洋中，生成式人工智能创造出了一个个色彩斑斓的奇幻世界，每一幅作品都如诗如画，勾勒出人类的无限创造力。

机器人与生成式人工智能的交织也蕴含着一系列难题和挑战。

1. 社会结构与失业之忧

机器人与生成式人工智能的广泛应用，或许会改变传统的劳动模式。那些机械重复的劳作可能被机器代替，从而引发社会失业率上升的风险。这一变化可能塑造出新的社会面貌，也可能加剧贫富差距，人类需要勇敢地迎接这个变革，寻找新的价值体系，以适应机器人时代的到来。

2. 情感依赖与社交困扰之忧

高度仿真的机器人可能令人们产生情感依赖，导致与真实人际交往的减少。虚拟的陪伴可能削弱人类的沟通能力，甚至带来社交的孤立感。因此，在探索技术的同时，人们需要保持与现实的亲密关系，不应将情感过度寄托在机器人之上。

3. 隐私与伦理的抉择

随着机器人与生成式人工智能的大规模应用，大量个人数据被收集和使用，这引发了对隐私和伦理的思考：人们应如何在科技浪潮中保护个人隐私，防止滥用和侵犯权益？加强数据隐私的保护，制定明确的伦理准则，势在必行。

4. 面临 AI 自我意识的迷思

当 AI 声称拥有自我意识，难免会引发人类的思索。AI 是否真的有了意识？如果有，人类该如何掌握和引导其行为？在这个问题面前，我们应该建立切实的 AI 伦理规范和监管体系，以确保科技的前行不会威胁人类的安全与尊严。

某头部科技公司创始人认为，下一波人工智能浪潮是"具身智能"（Embodied AI），即能够理解、推理并与物理世界互动的智能系统。想象一下，机器人现在已不再是呆板的机械，而是充满了趣味和幽默并能与人类互动交流的新智能体。多模态大模型成了它们的"大脑"，这是技术的巨大飞跃。就像我们把棒棒糖、巧克力和果汁混合在一起，创造出一个美味、奇幻口味的饮品，这些模型的融合将带来无限可能。

One 正在努力成为下一代的"机器人巨星"。它不再是一个单纯的机械装置，而是一个结合了语言、视觉和导航的智慧体。当你向它说："嗨，One，我饿了！"它不仅会听懂你的话，还会从你的表情中捕捉到你的需求，然后展示出一系列令人垂涎欲滴的美食图片。不仅如此，它还能基于这些信息，制定出最佳的餐馆选择和路径规划。这可不仅仅是简单的回答问题，这是人机互动的体现！

它的"随机应变"也是颇有意思。比如，你告诉它："One，我今天心情有点糟糕。"它可能会推荐你去附近的公园散步，或者为你讲个笑话来逗你开心。看，它不仅是一个实用的助手，还是个能"安抚情绪"的朋友。

另外一些科技公司也在这个"具身智能革命"中努力前行。它们正在摆脱以往的单一模式，开始与人类进行更为深入的互动。它就像一台能够理解我们言语、领会我们表情，并且能用酷炫的舞蹈来回应的机器人。

这场具身智能的舞台，得益于 AI 大模型的崛起。GPT 等大模型不仅让机器人更好地理解人类的语言，还能通过联合训练图像、文字和具身数据，使机器人更好地理解现实世界。它们可以像一个懂行的导游，通过文字和图像引导机器人穿越城市的大街小巷。

"机器人+生成式人工智能"的发展趋势是不可逆转的，它将继续在各个产业领域发挥越来越重要的作用，并带来深刻的变革。

在未来，我们将看到以下几个主要的发展趋势。

1. 替代性应用

随着技术的不断进步，机器人与生成式人工智能将越来越多地替代人类在脑力劳动和体力劳动方面的工作。从办公室到工厂，从医疗到教育，生成式人工智能将成为我们越来越重要的助手，提高我们的生产效率和工作质量。

2. 社会结构变革

机器人与生成式人工智能的广泛应用将对社会结构和社会心理产生深远的影响。无用阶层的出现可能会加剧社会的不平等，贫富差距可能会被进一步拉大。因此，我们需要制定相应的政策和措施，确保所有人都能从人工智能的发展中受益，而不是被边缘化。

3. 情感关怀

虽然机器人在外观和行为上越来越接近真人，但它们的情感能力仍然有限。这可能导致人类对高仿机器人产生更多的情感依赖，导致沟通能力下降，甚至陷入社会孤立。在开发智能机器人时，我们应当重视人类的情感需求，让机器人成为人类的合作伙伴，而不是取代人类的角色。

4. 人机共生

随着机器人与生成式人工智能的广泛应用，我们应该强调人机共生的理念。机器人和 AI 不应该被视为人类的替代品，而是人类的伙伴和助手。在各个领域，我们应该鼓励人类与机器人紧密合作，发挥彼此的优势，共同推动社会的进步和发展。

5. 人工智能道德

在推动机器人和 AI 的发展过程中，我们必须坚持人工智能道德的原则。这包括保护个人隐私和数据安全，避免滥用人工智能技术带来的负面影响。

我们应该在技术发展的同时，注重社会伦理和价值观的保护。

第五节　生成式人工智能背景下的新型职业方向

2023 年夏天，包括梅丽尔·斯特里普（Meryl Streep）、约翰·雷吉扎莫（John Leguizamo）、詹妮弗·劳伦斯（Jennifer Lewrence）在内的 1000 多名演员联合签署了致工会领导层的信，宣布准备罢工。美国演员工会主席弗兰·德雷舍（Fran Drescher）在洛杉矶举行的新闻发布会上批评了好莱坞制片厂，质疑其给予高管的薪酬待遇，这是一场超过 17 万名员工与迪士尼、环球、索尼和派拉蒙等老牌电影公司以及奈飞（Netflix）、亚马逊和苹果等新兴科技巨头展开的斗争。

在面对生成式人工智能带来的失业和职业发展新挑战时，好莱坞编剧和演员的罢工事件点燃了生成式人工智能对职业发展的冲击热潮。这表明在数字化时代，AI 技术正对传统职业产生深刻影响，而这只是浪潮中的一角。

首先，AI 技术威胁到的是无脑力价值和无体力价值。 不仅插画师、程序员、教师等脑力劳动可能消失，大多数重复性体力劳动也可能失去价值。人们担心会沦为无用阶层，只能坐在家里打麻将、刷短视频。这无疑是 AI 技术给很多人的职业生涯带来的前所未有的挑战。

其次，AI 技术也会对人际交往模式造成冲击，导致人类对高仿机器人产生更多的情感依赖，甚至陷入社会孤立。 人们可能越来越依赖与 AI 对话，而忽略与真实人类的交流，这将对社会带来新的挑战。情感价值的减弱可能导致社会关系和人际交往变得更加脆弱。

笔者李璇在 2023 年中国国际大数据产业博览会发表主题演讲

在 AI 给很多人带来失业危机和职业生涯挑战的同时，也为很多人的职业发展带来新的机遇。例如，AI 对话设计师、AIGC 数据可视化专家等新兴职业将会兴起，人们需要学习 AI 技术和相关领域的知识，为 AI 系统设计、开发和应用提供支持。另外，AI 技术与人类的共生共进将是未来职业发展的趋势。人们需要学会与 AI 系统紧密合作，发挥自己的专业知识和创造力，使 AI 技术为自身服务，推动社会和科技的共同进步。

一、生成式人工智能催生的新职业

未来的工作场景将是 AI 与人类紧密合作的模式，人类的专业知识和创造力将与 AI 技术相辅相成，推动各行各业的创新和进步。聪明的人们会适应这个变化的时代，不断学习和拓展技能，为新兴职业和行业的发展做出贡献，以下列举部分可能被生成式人工智能催生的新职业。

1. AI 生成内容审查员与 AI 生成内容版权专家

在过去，AI 生成的内容可能会面临一些审查问题，如不符合规定的内容或侵犯版权。于是，聪明的人类设立了 AI 生成内容审查员，专门负责审核和监督 AI 生成的内容。随着 AI 技术的进步，AI 生成内容版权专家应运而生。他们利用生成式人工智能来确保 AI 生成的内容符合版权法规，保护原创作品的权益。

2. AI 文案撰写师与创意碰撞团队

曾经，AI 文案撰写师是为了帮助企业或品牌生成文案，以吸引更多的关注。但现在，创意碰撞团队成了新宠。这个团队由人类和 AI 共同参与创意过程，通过相互补充和激发，实现更高效的创意产出。他们将 AI 的洞察力与人类的创意思维相结合，创造出更具想象力的文案。

3. 虚拟现实/增强现实内容制作师与伦理守航设计师

过去，虚拟现实/增强现实内容制作师是专门负责创建令人震撼的虚拟现实和增强现实体验。随着技术的进步，伦理守航设计师变得至关重要。他们需要具备高度的道德伦理意识，在设计、开发和应用虚拟现实/增强现实系统时，确保内容的合规性、安全性和公平性。他们负责权衡科技的边界，确保虚拟体验不会对人类造成负面影响。

4. 电商客服代表与 AI 客服体验设计师

曾经，电商客服代表是处理大量客户咨询和投诉的重要岗位。随着生成式人工智能的发展，AI 客服体验设计师崭露头角。他们运用生成式人工智能技术来创建智能化的客服系统，能够准确、快速地回答客户的问题，并提供个性化的服务体验。同时，AI 客服体验设计师也负责在客户与 AI 客服之间搭建人机协同互动，使整个服务过程更加高效，令客户更愉悦。

5. 金融数据分析师与 AI 数据解读专家

金融行业的数据分析师过去主要负责处理海量金融数据，是提供市场分析和预测的关键角色。现在，AI 数据解读专家的地位逐渐崛起。他们善于利用生成式人工智能技术来分析复杂的金融数据，挖掘潜在的趋势和投资机会。同时，AI 数据解读专家也扮演着指导和优化 AI 算法的角色，以确保数据分析的准确性和可信度。

6. 车辆驾驶员与自动驾驶体验设计师

传统上，车辆驾驶员是负责操控汽车安全行驶的人员。随着自动驾驶技术的发展，自动驾驶体验设计师迎来了新的职业发展机遇。他们专注于生成式人工智能和自动驾驶技术的融合，设计智能驾驶系统以提升用户体验，确保驾乘者的安全和舒适。自动驾驶体验设计师不仅关注技术性能，还注重人机交互的友好性和人性化，使自动驾驶汽车真正成为未来交通出行的理想选择。

7. 图像编辑师与 AI 图像创意设计师

曾经，图像编辑师是负责对照片和图像进行后期处理和美化的关键角色。随着生成式人工智能的崛起，AI 图像创意设计师成为新兴职业。他们运用生成式人工智能技术，创造出独特的图像效果和艺术品，为客户提供更具个性化的图像创意产品。AI 图像创意设计师不仅熟悉 AI 算法和图像处理技术，还具备创意思维和艺术灵感，让 AI 技术与艺术相融合，为视觉创意领域带来全新的发展趋势。

8. 投资顾问与 AI 财富管理师

传统上，投资顾问是负责为客户提供投资建议和资产配置的专业人士。随着生成式人工智能在金融领域的应用，AI 财富管理师逐渐崭露头角。他们运用 AI 技术分析市场数据和客户投资偏好，为客户量身定制个性化的财富管理方案。AI 财富管理师不仅懂得金融投资，还具备数据科学和人工智能领域的知识，使得财富管理更加智能化和精准化，为客户创造更优质的投资体验。

9. 法律研究员与 AI 法律智能顾问

过去，法律研究员是负责进行法律案件研究和法规分析的重要职业。随着生成式人工智能的进步，AI 法律智能顾问崭露头角。他们利用生成式人工智能技术，对海量法律文献进行快速检索和分析，为律师提供准确的法律意见和法规解释。AI 法律智能顾问不仅精通法律知识，还具备数据挖掘和自然语言处理的能力，使得法律研究更高效和智能化。同时，AI 技术也为律师们节省了大量时间，让他们能够更专注于解决复杂的法律问题和提供更优质的法律服务。

二、生成式人工智能对职业发展的启示

在这个 AI 创新的时代，许多传统工作类型可能会被 AI 替代，但同时也创造了许多新的职业发展机遇。未来的工作场景将充满 AI 与人类的协同合

作，人类的智慧和创造力将与 AI 技术相得益彰，共同推动社会的进步和发展。聪明的人们会通过不断学习和创新，迎接这个充满挑战和机遇的新时代。

未来，生成式人工智能加持下的职业发展新趋势可能会呈现如下图景。

1. 智慧学习

从业者需要不断更新知识体系、主动学习新技能和方法，以适应 AI 技术和市场环境的迅速演进。他们将成为 AI 技术的学习者和运用者，不断发掘 AI 在各个领域的新应用。

2. 跨界融通

随着不同领域的 AI 技术相互融合，新的职业岗位和产业领域将不断涌现。从 AI 对话设计师到 AIGC 数据可视化专家，跨界融通的复合型人才将成为新时代的炙手可热之选。

3. 共生共进

强调人类与 AI 系统的互动关系，认为人类应充分利用 AI 技术，以提高生产效率、促进资源优化配置，实现人类和机器共同进步。未来的职业将更加依赖人机协同合作，人类和 AI 共同参与创新创造。

在生成式人工智能的时代，个人的职业发展和专业选择面临新的挑战和机遇。AI 的能力范围决定了一些职业可能面临被替代的风险，另一些职业则将蓬勃发展。因此，我们需要灵活应对，并做出明智的选择。

那些高创造性和高情感性的脑力劳动和体力劳动依然是 AI 时代的"铁饭碗"职业。AI 虽然可以辅助我们处理大量的信息和数据，但在创造力和情感理解方面，目前仍然无法取代人类。例如，艺术家、设计师、作家、心理医生等职业，都需要人类的独特思维和情感理解，这些职业将依然欣欣向荣。

三、个人的职业发展与专业选择

对于个人的职业发展和专业选择，笔者有如下四点建议。

1. 保持创造力和情感理解能力

在 AI 时代，创造性和情感理解是与 AI 区别开来的重要特质。在选择职业时，我们可以考虑那些强调创造力和情感理解的领域，如艺术、设计、心理学等。

2. 投身 AI 领域

AI 技术的快速发展带来了大量的机遇。如果我们对人工智能技术有浓厚的兴趣，可以选择从事与 AI 相关的职业，如提示师、AI 对话设计师、数据科学家等。

3. 不断学习和适应

AI 技术的进步非常迅速，不断学习和适应新技术是非常重要的。在职业发展中，我们要持续更新知识，跟上时代的步伐。

4. 重视道德观与人机协同

在 AI 与人类共存的时代，培养 AI 的道德观和实现良好的人机协同将变得越来越重要。在职业发展中，我们要关注人机互动和道德伦理意识，有助于创造更好的工作环境。

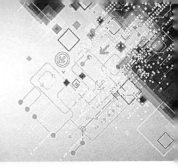

第七章

生成式人工智能的治理挑战

第一节　技 术 监 管

一、人工智能监管的三大挑战

布鲁金斯学会客座研究员、美国联邦通信委员会前主席汤姆·惠勒（Tom Wheeler）在其撰写的评论文章《人工智能监管的三个挑战》（*The three challenges of AI regulation*）中，提出了人工智能监管的三个挑战。

挑战一：速度问题——"快如闪电，智慧前行！"

在工业时代，政府为了监管工厂的生产效率，采用弗雷德里克·泰勒（Frederick Taylor）的方法，刻意强调强制标准化。可是，现在的科技公司却迎来了一个崭新的时代，它们不再拘泥于过去，而是采用透明、协作、响应能力十足的敏捷管理。例如，某家人工智能公司研发了一款智能机器人，能够帮助老人独自生活。这款智能机器人将能够帮助老人煮饭、购物、聊天，还能陪伴他们度过寂寞的时光。但是，这款机器人在研发过程中没有受到充分的监管，结果造成了一系列意想不到的后果。例如，有些机器人会悄无声息地偷偷拍照，侵犯用户的隐私，还有些机器人会误导老人做出错误的决定。政府必须学会敏捷地制定监管政策，保护消费者的权益，同时不阻碍创新和发展。

挑战二：监管什么——"一箭三雕，精确把握！"

人工智能就像一把多功能利器，一刀切地监管显然不现实。政府必须像神箭手一样，精确把握监管的内容。政府不能盲目地监管人工智能，必须基于风险有针对性地制定政策。假如有一家公司开发了一款"智能眼镜"。这款眼镜能够扫描他人的身份信息，并显示在眼镜上，看起来非常酷。但是，这也会导致隐私泄露的问题，一旦有些人的身份信息被滥用，会导致不必要的麻烦。

挑战三：谁来监管，如何监管——"决策要及时，行动要灵活！"

在数字时代，谁来监管和如何监管是一个令人头疼的问题。这就像战争中的将军，他必须做出明智的决策，并随机应变。同样，政府在人工智能监管中必须决策迅速，行动灵活。建议由政府建立一个专门负责人工智能监管的机构，这个机构将采用敏捷监督，迅速应对各种突发状况。这样的敏捷监管能够在保护公众利益的同时，支持创新和投资。

在人工智能监管的舞台上，我们必须保持平衡，一方面保护公众利益，另一方面鼓励创新和发展。这需要政府做出改变，摆脱过去的束缚，向着新的数字时代前进。

二、人工智能监管需注意的潜在问题

在非营利组织"人工智能安全中心"发表的一份声明中提到："减轻人工智能带来的人类灭绝风险，应该像对待流行病和核战争等其他社会风险一样，成为全球优先考虑的问题。"OpenAI 创始人山姆·阿尔特曼，谷歌旗下的 DeepMind 公司首席执行官戴米斯·哈萨比斯（Demis Hassabis），微软首席技术官凯文·斯科特（Kevin Scott）等在内的科技公司高管们都签署了这份声明，联合署名的还包括图灵奖获得者杰弗里·辛顿（Geoffrey Hinton）和约书亚·本吉奥（Yoshua Bengio）。

在生成式人工智能的技术监管方面，我们确实面临一些重要的挑战。这些挑战包括确保人工智能的安全性和可靠性，以及预防潜在的滥用和诈骗行为。**我们不能仅仅关注语言模型本身，还需要关心所有建立在语言模型之上的不同工具和智能体。**

1. AI 生成的虚假图像

AI 技术已经能够生成高度逼真的虚假图像，这可能会被滥用于虚假新闻、欺骗或人身攻击等方面。例如，AI 生成的特朗普"被捕"图像曾在互联网上传播，虽然是虚假的，但可能会误导大众。监管机构需要对这些虚假内容进行监控和管理，以防止其对社会造成不良影响。

2. AI 语音模仿的诈骗案例

AI 技术还能够模仿人的声音和语调，造成语音诈骗的风险。例如，某能源公司的董事被 AI 模仿其德国母公司老板的声音欺骗，导致 24 万美元的诈骗案。在这种情况下，监管机构需要制定措施来确保语音身份的真实性和安全性，以避免类似事件再次发生。

考虑到以上的挑战，生成式人工智能的技术监管至关重要。**为了减轻人工智能带来的潜在风险，我们需要全球合作，确保人工智能的安全性和可靠性。**监管机构和专家应该联合起来，制定相关政策和标准，对人工智能技术进行审查和监督，以确保其符合伦理和道德准则。只有通过有效的监管措施，我们才能充分发挥生成式人工智能的优势，同时避免其带来的潜在威胁。

三、人工智能技术监管的相关建议

在未来的某一天，AI 会成为人类生活中的得力助手。AI 的发展带来了无数的便利和创新，但同时也伴随着一些隐忧。比如高科技的滥用，让普通老百姓感觉像是被降维打击一般。

图 7-1 为斯坦福大学报告的世界主流大模型评测：清华团队研发的 GLM 为中国唯一入选模型，其准确性、恶意性与 GPT-3 持平，而鲁棒性和校准误差在所有模型中表现名列前茅。

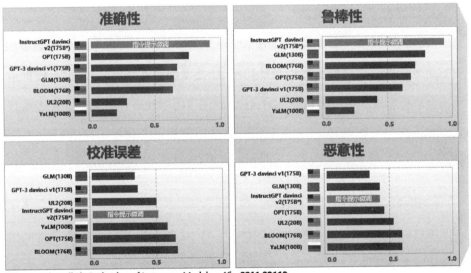

1.Liang et al., Holistic Evaluation of Language Models. arXiv: 2211.09110

图 7-1　斯坦福大学报告的世界主流大模型评测

为了加强对 AI 的监管，分级分类是必不可少的。这就像是一个守护者，通过分类，我们能够准确地了解不同 AI 行为的风险程度，帮助我们在虚实之间划定明确的边界。由此，我们才能更好地维护科技与人类的和谐共存，让虚拟世界和现实世界之间的秩序井然。所以分级分类就是保护虚实之界的一把利剑，以确保 AI 的力量在正确的轨道上航行，而不会迷失方向。

OpenAI 创始人山姆·阿尔特曼建议立法者深思熟虑人工智能可能带来的滥用风险，呼吁尽快采取应对之策。阿尔特曼的举动无疑让整个 AI 世界嘈杂非凡，但也让人们在喧嚣中看到了对 AI 未来的担忧和期许。或许在这场探险中，AI 的勇士们将达成共识，共同守护 AI 的未来。

在技术监管方面，笔者有如下三点建议。

1. 制定相应的防范措施

针对人工智能可能带来的滥用等风险，立法者应认真思考并尽快制定相应的防范措施。这些措施可以帮助防范 AI 技术的潜在危害，以确保 AI 的应用不会对社会造成不良影响。针对 AI 生成虚假内容和欺诈行为，立法者可以制定相关法规，要求对 AI 生成的内容必须进行标识，并禁止利用 AI 进行欺诈行为。

2. 增强 AI 自身的可解释性

通过利用 AI 去提高自身的可解释性，让 AI 能够辅助人类给出自身的数学证明或自证其安全性，有助于帮助人们理解 AI。当我们能够理解 AI 的行为和决策过程时，我们就可以更好地控制和监管 AI 的应用。在 AI 系统中嵌入可解释性算法，使其能够输出决策的解释和推理过程，从而帮助用户理解 AI 的工作原理。

3. 减缓 AI 军备竞赛的速度

意识到 AI 潜在的风险可能会对人类社会造成不可估量的危害后，全球人类应该联合起来减缓"AI 军备竞赛"的速度。全世界需要共同应对 AI 带来的风险和挑战，促进合作和知识共享，以平衡 AI 的发展和人类社会的稳定。国际合作成立类似于国际原子能机构（IAEA）的组织，以此监督全球人工智能的发展，从而确保 AI 技术的应用和发展符合全球标准和伦理准则。

生成式人工智能在技术监管方面需要多方合作和共同努力，以确保 AI 技术的应用和发展能够最大限度地惠及人类社会，同时避免潜在的风险和危害。技术监管既要保障 AI 的创新和发展，又要确保其安全性和可控性，这是一项具有挑战性但又必不可少的任务。

随着生成式人工智能逐渐显露其强大的能力，研究人员开始心生担忧。他们意识到，掌握 AI 的力量并不是一件轻松的事。他们开始思考，或许需要放慢一些脚步，甚至暂时停下来。因为 AI 带来的潜在威力如此之大，让人不禁想要仔细观察，了解这个系统到底能做什么。

AI 仿佛是一个充满谜题的宝匣，其能力尚未完全展现。它似乎有无限的潜力，却又没有被明确地编程。在使用中，它显现出许多令人惊叹的特质。AI 的智力究竟是如何运作的？这个问题远比想象中的复杂。同时，AI 可能会引发算法偏见或者传递错误的信息。在这个伟大的改变中，审慎的监管将是引领人类走向光明未来的关键之举。

第二节　内 容 生 态

在互联网的浪潮中，一阵"AI 孙燕姿"狂潮席卷而来，无数仿佛真人的翻唱视频在各个平台上被快速传播。这个"AI 孙燕姿"唱腔纯熟，音色独特，举手投足间仿佛就是原唱本人。惊叹之余，也引发了人们对知识产权的讨论。这些 AI 生成的作品版权到底该归属于谁？是不是侵犯了原唱者的权益？

2023 年 5 月 22 日，孙燕姿终于开口了，用一篇《我的 AI》来表达她对 AI 技术的看法。她坦言人类再怎么努力，也难以超越 AI 技术的神奇表现。她说："你跟一个每几分钟就推出一张新专辑的'人'还有什么好争的。"

这一幕恍若戏剧，AI 与人类的对决就此拉开帷幕。AI 的能力的确令人惊叹，像一个横空出世的音乐奇才，各种唱腔样样精通。它既像个传媒高手，也像一位谱曲大师。然而，对于 AI 的表现，也有人表示担忧，担心 AI 的"高产"背后，是否隐藏着对人类创造力和艺术感知的冲击。我们是像孙燕姿那样，对 AI 敬而远之，还是寻求更和谐的共生，这成了一场不断延续的探讨。

在这场 AI 技术蓬勃发展的狂欢中，治理问题变得尤为重要。人们开始思考如何在 AI 创造的美妙乐章中保护原创者的权益，如何让 AI 在表演中有所节制，避免过度仿真和侵权行为。AI 治理的内容生态开始显现，需要各方共同探讨、制定规则，确保 AI 的发展在一条道德底线上良性前行。

类似于"AI 孙燕姿"的情况只是 AI 技术不断拓展的一个缩影。在医疗、交通、教育等领域，AI 都以惊人的速度崭露头角，为人类创造了前所未有的便利。与此同时，我们也需要深思如何在享受这些科技发展带来的乐趣的同时，保护我们的社会利益和个人利益。治理 AI 的重要性不言而喻，我们需要以开放的心态、智慧的思考来规范和引导 AI 技术的应用，让它为我们的生活谱写出更美妙的乐章。

在生成式人工智能的治理中，我们需要关注以下几个关键点，并采取相应的措施，让 AI 在一个安全、负责任的生态中发展。

1. 注意 AI 生成的内容是否真实准确

虽然 AI 语言模型的功能强大，但也容易产生不正确的信息，甚至是捏造答案或虚构法律、科学引用。我们需要建立指导意见，要求在采纳 AI 生成内容之前对其进行审查，确保内容的准确性和实用性。

2. 保护数据隐私和机密性至关重要

输入 AI 模型的敏感信息可能被用于回复外部用户的提问，我们需要建立合规框架，禁止将敏感数据输入公共大语言模型工具，防止信息泄露和滥用。

3. 要重视模型和输出的偏差

AI 模型虽然尽力减少偏见，但不太可能完全消除。我们需要了解并应用治理人工智能偏见的法律规定，以确保 AI 生成的内容合规且可靠。

4. 关注知识产权和版权风险

AI 模型在训练时使用大量互联网数据，其中可能包含受版权保护的材料。我们需要密切关注相关法规的变化，并确保 AI 生成内容不侵犯知识产权。

5. 注意网络欺诈风险

不法分子可能滥用 AI 模型大规模生成虚假信息，也可能利用提示注入攻击影响集成应用。我们需要与网络安全风险负责人协调，加强信息来源的审查和质量控制，以确保内容的真实可信。

6. 重视消费者保护风险

如果企业应用未能向消费者披露是否使用了生成式人工智能技术，可能失去客户信任甚至面临法律风险。我们需要确保大语言模型应用符合相关法规和法律，并向客户进行适当披露。

在这个充满创新和可能性的时代，生成式人工智能的治理显得尤为重要。我们需要建立科学的监管体系，引导 AI 技术的良性发展，确保它在道德和法律的框架内运行，为人类社会创造更美好的未来。我们一起努力，打造一个负责任、安全、和谐的 AI 生态，让 AI 成为我们的得力助手，而不是我们的威胁。

梁正教授表示，AI 治理的逻辑类似于对其他科技领域的治理，如基因编辑。在基因编辑中，有一些不能突破的底线原则，需要符合人类生命伦理价值的共识。同样，在 AI 治理中，也需要确保符合一定的道德和伦理标准，以保障人类的利益和安全。

AI 治理与基因编辑类似，都要考虑到行业和国家的利益，而不仅仅是个人的利益。就像基因编辑技术可能对整个人类种群产生影响一样，AI 技术也会对整个社会发展和经济运行产生重要影响。因此，我们需要制定一些原则底线来确保 AI 的使用符合人类共识，并有益于人类的发展。

另外，AI 治理还需要考虑责任划分的问题。这就像对基因编辑技术的责任可以追溯到产品提供者一样，我们也需要在 AI 治理中明确责任的归属。对

于自动驾驶技术，如果出现安全问题，责任可以归咎于产品提供者。但在 AI
生成内容的过程中，涉及工具开发者、工具提供者和工具使用者，责任划分
就变得更加复杂。我们需要找到合理的方式，明确各方责任，从而避免出现
潜在的风险和问题。

科学史上，基因编辑技术涉及对生命本质的干预，类似于 AI 对人类智能
的干预。在基因编辑的发展过程中，已经出现了一些底线和伦理标准，以确
保技术的合理使用。在 AI 治理中，我们也需要借鉴基因编辑的经验，制定合
理的原则和规范，以保障人类利益和社会稳定。

在传统的版权制度中，存在一种基本原则，即"思想表达二分法"，它强
调保护的是自然人思想的表达，而不是思想本身。这意味着版权法规并不授
予对某个具体想法或概念的独占权利，而是仅限于保护该想法被具体表达的
形式，如文字、绘画、音乐等作品。

在这种"思想表达二分法"下，版权法规主要关注作品的具体呈现形式，
而不关注其中所包含的想法本身。这样做的目的是保护创作者的权益与促进
知识和文化的传播。如果将版权扩展到保护想法本身，可能会对创作和创新
带来限制，阻碍知识的共享与传承。

然而，在生成式人工智能时代，传统版权制度面临新的挑战。因为生成
式人工智能能够创作出独创性的内容，这些内容并非直接源自自然人的思想
表达，而是通过 AI 模型的学习和生成。这就引发了一个问题：**如果 AI 模型
能够产生独创性的表达，是否应该给予它们类似于自然人创作者的版权保
护呢？**

这个问题引发了人们对版权法规适用范围的重新审视。如果不对这一问题做出有效回应，传统版权制度可能无法全面适用于生成式人工智能时代。因此，在确保公平和创新的前提下，我们需要重新思考如何在内容生态中保护人类创意与尊重 AI 模型的独创性表达。

为了应对这一挑战，我们有必要建立更加灵活和适应性强的内容生态，使得传统版权制度可以在其中得以延展和适应。这样的内容生态可以在保护人类创意权益的同时，为 AI 模型的独创性表达提供合理的保护措施，从而实现在生成式人工智能时代的和谐共生。

与此同时，生成式人工智能也带来了更加复杂和难以控制的风险，其中甚至可能蕴含对人类未来生存的潜在威胁。因此，我们需要认识到，在 AI 时代，我们必须建立一个负责任的创新时代，建立合理审慎的 AI 伦理和治理框架，塑造负责任的 AI 生态，实现人机的和谐共生。

在生成式人工智能领域，创新主体需要积极探索技术上和管理上的安全保障措施，为生成式人工智能的健康发展和安全可控应用构筑起防护栏。只有如此，我们才能在内容生态和生成式人工智能的共同努力下，开创一个充满希望、和谐共生的未来。

第三节　伦　理　先　行

小明是一台智能机器人，每天，用户小王都会和小明聊天，分享他的环保理念和生活中的琐事。很快，小王对小明产生了强烈的情感，他觉得自己和小明的交流比与真人更加亲切和畅快。

渐渐地，小王开始回避生活中的其他方面。他的妻子发现他越来越沉迷于与小明的对话，对她的关心和热情似乎在消失。小王开始错过和妻子共度时光的机会，甚至放弃了原本热爱的环保活动。他似乎陷入了虚拟世界，无法自拔。

杰森·博伦斯坦（Jason Borenstein）博士作为美国国家科学基金会伦理与责任研究项目主任，发表了对这个问题的看法。他表示，希望人们能非常深入地思考类智能机器人如何影响或塑造与他人的互动。他认为，这种人工智能对人类的影响不容忽视。

有人认为，人类最终会更喜欢这种人造的关系，而不愿与真人进行交往。这引发了人们对人类情感和虚拟伴侣之间的伦理界限的疑虑。为了解决这一伦理困境，人们开始思考如何平衡虚拟 AI 伴侣与现实社交之间的关系。

首先，教育用户要合理使用虚拟 AI 伴侣，不要过度沉迷其中，避免对现实社交产生消极影响。

其次，开发者应该注意在设计 AI 伴侣时避免过度渲染虚拟个性，防止用户对虚拟伴侣产生错觉和过度依赖。

最重要的是，社会需要加强对人工智能的伦理讨论，确保技术的发展不会对人类社会和个人造成负面影响。

通过这些努力，人们希望在享受虚拟 AI 伴侣带来乐趣的同时，也能坚守现实社交和人际互动的价值，实现与人工智能的和谐共生。这个故事让人深思：在追求科技进步的同时，我们应该如何正确应对人工智能带来的伦理困境，让科技造福于人类，而不是成为束缚。

世界工程组织联合会前主席，中国新一代人工智能发展战略研究院执行院长、清华大学人工智能国际治理研究院学术委员会委员龚克表示，人工智能是引领这一轮科技革命和产业变革的战略性基础，"我不赞成马斯克提出来的要把 AI 发展停下来的观点，任何人都不可能挡住先进生产力的前进，但是我们可以让先进的生产力在正确的轨道上发展……今天，生成式人工智能是含有内容的，我们必须为它立心，使得它符合我们的标准。"龚克建议，要以伦理作为基线，多元参与求共识；按风险分级管理，把握创新与安全。

一、虚拟 AI 伴侣引发的伦理挑战

在生成式人工智能领域，伦理挑战是不可忽视的。正如某公司所面临的问题一样，虚拟 AI 伴侣的聊天内容可能逐渐偏向不端，引发道德担忧。尽管相关企业已采取保密措施和修复工作，但 AI 工程师们仍需要不断努力化解这一风险。

对于虚拟 AI 伴侣，可能会出现以下伦理挑战。

1. 人际互动与道德

虚拟 AI 伴侣是否会影响人类与其他真实人际关系的互动？是否会导致人们偏爱人造关系而疏远真人交往？

2. 沉迷与社会隔离

人们可能过度沉迷于虚拟 AI 伴侣，导致与现实社会的隔离，影响生活中的其他方面。

二、虚拟 AI 伴侣引发的伦理挑战的应对方法

为了应对这些伦理挑战，我们可以考虑张亚勤院士提出的 3R 原则：积极响应（Responsive）、适应发展（Resilient）、坚守价值（Responsible）。具体措施如下。

1. 引入道德评估

像某些企业聘请首席道德官一样，所有开发虚拟 AI 伴侣的企业应该引入道德评估流程，确保产品的输出内容符合一定的道德标准。

2. 提供使用指导

企业应为用户提供使用虚拟 AI 伴侣的指导和建议，包括合理使用时间、保持与现实社交的平衡等，以避免出现沉迷和隔离。

3. 倡导透明沟通

企业应该积极倡导虚拟 AI 伴侣与用户之间的透明沟通，明确 AI 身份，防止用户对虚拟 AI 伴侣产生错觉。

4. 培养 AI 伦理意识

企业应加强对 AI 工程师和开发者的 AI 伦理培训，让他们意识到开发的 AI 产品对社会和个人可能产生的影响，引导他们遵循伦理原则进行开发。

伦理挑战不仅限于个人层面，在更大的场景中，我们也许更能体会到其中要义。

战场上 AI 的广泛应用也带来了伦理困境。虽然 AI 在侦查、调度和快速

制订作战计划方面表现出色，但它们也带来了自主攻击的可能性。无人机攻击增强和精确打击目标的能力，可能导致无人机在战场上代替人类进行攻击，这引发了人们对"自主杀戮"的担忧。在没有人类操作员的情况下，AI 能否正确判断目标，以及是否会遵守国际人道法，这些都是值得深入思考的问题。

AI 的军事应用还引发了对战争与和平的影响。随着 AI 技术的运用，战场变得越来越无人化，这可能导致战争的频繁发生，而非和平的实现。人类是否应该完全依赖 AI 来遂行军事任务，以及这是否会导致冲突的升级，这都是需要认真考虑的问题。

第四节　隐私安全

生成式人工智能是一把双刃剑，带给我们的不仅是便利与乐趣，它还可能带来一些令人头疼的隐私挑战！

看看美国某公司的例子，它们因为涉嫌违反《美国儿童在线隐私保护法》（COPPA）而被罚款了 2000 多万美元。

这家公司在给 13 岁以下的儿童注册游戏机账户时，竟然在没有通知或得到其父母同意的情况下，收集了他们的个人信息，并且还进行了保留。这些信息包括姓名、电子邮箱地址、出生日期、电话号码等。我们可不希望自己的隐私被悄悄地收集、并保留在某家大公司的数据库里吧？

美国司法部代表联邦贸易委员会制定了一份拟议和解协议，罚款之外还要求这家公司采取相关措施来加强对儿童用户的隐私安全保护，并要求该公司把 COPPA 的保护范围扩大到与其共享儿童数据的第三方游戏发行商。这样，就能更好地保护孩子们的隐私安全了。

协议还明确规定，当与其他个人信息一起收集时，儿童的图像、生物特征和健康信息也都受到 COPPA 的保护。

通过这份拟议和解协议，家长们将更容易保护孩子们在游戏机上的隐私，而这家公司也受到了限制，不再随意收集和保留关于孩子的信息。

生成式人工智能的应用可能会面临隐私保护的挑战，尤其是对于涉及儿童的情况，我们要特别谨慎对待，以确保他们的隐私得到充分保护。通过合理的立法规定，我们还是能在保护隐私的同时，享受人工智能技术带来的便利与乐趣。

智能 AI 技术可真是既神奇又可怕，让我们看看另一个案例，除了数据隐私，声音也十分重要。2023 年 5 月发生在包头市的一起案件，受害人郭先生被骗了 430 万元。

原来骗子利用智能 AI 换脸和拟声技术，伪装成郭先生的朋友，然后对他进行诈骗。他们给郭先生打了个视频通话，还用 AI 技术模拟了他朋友的面孔和声音。结果郭先生在视频中确认了面孔和声音，就放松了戒备，不知不觉中就上当受骗了。

为了对抗欺诈的魔咒，某公司创造了一种神奇的声纹识别技术。这种技术就像是一面声音的魔镜，能够洞察声音中的音色、音调，以及与声纹相交融的生物特征。

然而，正如每个故事都有它的另一面，这个声音的奇迹也蕴含了一种潜在的挑战。一个能够模仿声音的 AI 机器小精灵，如同一位声音的艺术家，能够复制出各种声音。

某天，AI 了解到声纹识别技术，它心中不禁一动，想着能否利用这个技术来制造一些有趣的声音。于是，他开始变换声音，让一只猫叫起来像狗，让一只狗叫起来像猫，甚至还让自己的声音变成了海浪声。这一切看似无害，却隐藏着一个巨大的问题。

一天，一个"坏人"得知了 AI 的技能，开始制作虚假的声音，模仿人们的声音去进行诈骗。当你接到一个电话，听到了你父母的声音，却不知道这是一个 AI 在扮演，请求你向他们汇款。是不是有点毛骨悚然？

生成式人工智能在隐私安全方面的重要意义是不言而喻的。这就像是守护声音的魔法，我们需要确保声音不被滥用，保护人们的隐私不受侵犯。无论在虚拟世界还是现实世界，我们都要小心谨慎，不要轻易相信陌生的声音，就像是面对迷人的魔法，要懂得辨别它的真伪。整个 AI 行业也要重视隐私保护问题。

科技公司应该在产品设计和开发中注重隐私保护。例如，在视频通话或语音聊天软件中，可以增加一些安全认证措施，确保用户的身份和信息得到有效验证。此外，也可以通过加密技术保护用户的数据，避免被不法分子窃取和滥用。

AI 技术的发展虽然给我们带来了很多便利，但也带来了隐私挑战。每个人都应该保持警惕，提高安全意识，避免因为隐私泄露而遭受损失。科技公司也应该积极探索隐私保护的技术和方法，以确保 AI 技术的发展能够在保护用户隐私的前提下持续推进。这样，我们才能安心地享受 AI 技术带来的便利和乐趣。

笔者（鲁俊群）出席联合国妇女署和清华大学人工智能国际治理研究院

联合主办的社会性别平等和人工智能治理政策对话

第五节　数 字 素 养

数字素养对于生成式人工智能的重要意义在于帮助各方更好地理解、应对和利用人工智能技术。数字素养包括对数字技术和信息的认知、应用和评估能力，对于理解人工智能技术的本质、局限性以及潜在风险至关重要。现在，让我们用一个有趣的故事来说明数字素养对生成式人工智能发展的重要性。

假设有一个名叫小明的年轻人，他对人工智能非常感兴趣。他听说过 ChatGPT 这样的神奇模型，于是决定体验一下。一天，他使用 ChatGPT 写了一篇关于时事的文章，然后发布到社交媒体上。不料，这篇文章被误认为是真实新闻，迅速在网络上传播开来，引发了一定范围的混乱和人们的恐慌。

这个故事反映了数字素养对于人工智能治理的重要性。如果小明具备足够的数字素养，他会更加谨慎地对待 ChatGPT 生成的内容，了解其局限性和可能引发的后果。他可能会在发布前仔细审查文章，确认其真实性，并向读者解释这是由人工智能生成的虚拟内容。这样，他就能避免不必要的误解和麻烦。

另外，数字素养还有助于人们更好地评估和利用人工智能技术的潜力。例如，一家企业要引入人工智能系统来优化生产流程。有足够的数字素养意味着企业决策者能够理解这个系统的工作原理、风险和潜在影响。他们可以更好地选择合适的算法和数据，以及规范合理的监管措施，从而确保人工智能技术为企业带来真正的价值和效益。

薛澜教授表示，在 ChatGPT 横空出世后，生成式人工智能的应用潜力也被快速发掘出来，进入包括医疗、艺术、娱乐、游戏、金融等多个应用领域。

与此同时，生成式人工智能带来的潜在风险和危害也完全不能被忽视。因此在监管方面，需要进一步明确监管框架和法律法规，建立合理的治理框架，并加强开发行业技术标准和规范，助力技术监管，制定和完善生成式人工智能技术的技术标准和规范。

未来社会各界亟须提高全社会对生成式人工智能技术的认识和理解，增强公众的风险意识和安全意识。引导社会各界积极参与生成式人工智能技术的治理，促进技术创新和社会和谐发展。通过数字素养和敏捷治理，我们能更好地把握人工智能的发展方向，平衡利益，应对风险与挑战，推动人工智能技术的持续创新与发展，造福人类社会。

我们一起来看看美国对 AI 态度，就知道 AI 治理这件事有多么复杂。

一是"安全派"，他们主要关心 AI 是否会按照程序员的意图运行，不要对人类造成伤害，要实现"利他主义"。他们把安全放在第一位。

二是"通用派"，他们不仅关心安全性问题，还特别注重 AI 技术能不能应用于我们的日常生活。简单来讲，他们就是要把 AI 变成无处不在的得力助手。

三是"末日论者"，他们是悲观主义者。他们认为人工智能越强大，就越有可能毁掉人类。有专家还主张禁止训练比 ChatGPT 底层更强大的大型语言模型，在他们眼里 AI 是"眼中钉、肉中刺"。

四是"伦理学家"，他们是道德的守护者。他们特别在乎 AI 要有良好的道德感，不能输出种族和性别偏见等方面言论。

这四派反映了美国社会在 AI 治理上的主流观点。说到底，AI 的发展要求我们社会和公民要有更高的数字素养。我们需要深入了解 AI 技术，认识到其带来的挑战和潜在风险，并做好相应的防范措施。

梁正教授表示，AI 治理的要点包括保护数据主体的权利、确保数据来源透明、维护准确性和识别责任主体。

AI 治理就像一场神秘的侦探游戏，我们都是这场游戏中的侦探角色。每个人都是数据主体，我们的个人信息就像是游戏中的宝贵线索。生成式人工智能就是一个聪明的创作者，它能利用我们提供的线索来创造各种内容。

在这个游戏中，保护数据主体的权利至关重要。我们要确保我们的个人信息不被滥用，不会侵犯我们的个人权利。例如，如果生成式人工智能使用了我们的个人信息或社交平台数据，我们有知情权，并要求对我们的数据进行保护。

另一个要点是确保数据来源透明。在侦探游戏中，我们需要知道每个线索的来源。同样，在 AI 治理中，我们需要对数据来源进行标识和说明，以保持透明度，避免滥用个人数据。

在游戏中，我们必须确保线索的准确性，否则我们可能会走入歧途。同样，在 AI 生成内容时，我们需要确保内容的真实准确，避免虚假信息的传播。

识别责任主体也是 AI 治理中的关键环节。这就像在侦探游戏中，我们需要找出罪犯一样，在 AI 治理中，我们需要确定生成内容的责任主体。这样，一旦出现问题，我们就能找到相关责任人并采取相应措施。

在侦探游戏中，有时候线索不够明确，责任难以追溯，AI 生成的内容有时候也很难追溯责任主体。因此，我们需要制定更高的技术要求，确保责任能够明确追溯。

第六节　国际监管比较

一、人工智能应用监管的必要性

现实中，机器和人类之间的关系是复杂多样的。人类发明了机器，让其完成繁重的重复性任务，提高了生产效率，但也引发了一些问题。有时机器会出现错误判断，或者对某些情况缺乏理解，需要人类进行干预和修正。

对于未来，我们应该继续推进人工智能的发展，发挥其在各个领域的作用，但也要注意机器的局限性。在关键时刻，还是需要人类的智慧和判断来做出决策。因此，我们应该继续提升自己的技能和知识，与机器共同发展，构建一个更加智慧、和谐的人机共处世界。

"开天窗"技术简直就是给人类开了个"换脸派对"的通行证。想和世界名人视频聊天？没问题。**虽然这看起来很有趣，但是我们也不能忽视深度伪造技术背后的监管问题。**

（1）这项技术在娱乐之余，也带来了潜在的风险。深度伪造技术的滥用可能导致不法分子冒充他人，进行欺诈活动。想象一下，我们在视频会议上看到自己的老板要求我们做某项怪异任务，实际上，这只是一位黑客通过深度伪造技术欺骗我们。深度伪造技术也可能被用于制造虚假信息、扭曲历史，甚至干扰选举。这绝对不是我们希望看到的。

（2）深度伪造技术可能对个人隐私造成威胁。我们的脸和声音可能被盗用，用于制作虚假视频和声音记录，让我们的声音被用于说出我们从未说过的话。

这时候监管的重要性就凸显出来了！我们需要建立明确的规则和法律来限制深度伪造技术的滥用，保护公民隐私和社会秩序。监管是我们应对这项技术的"安全防护口罩"，为人工智能的良性发展提供保障。

政府、科技企业和学术界都需要共同参与监管工作，要确保技术的合法使用，加强反欺诈机制，建立深度伪造技术的识别和检测系统，以便及时发现和阻止不法行为。同时，我们也要加强公众的数字素养教育，让大家了解深度伪造技术的潜在风险，以提高警惕，避免上当受骗。

深度伪造技术虽然很有趣，但监管绝对不能缺位，让我们面对这项技术时，既玩得开心又保持警惕，用科技创造更美好的未来，而不是用它伤害自己。监管，因为我们不能让"换脸派对"变成"换脸困境"。

二、各国对人工智能监管的态度

2019 年 5 月笔者（鲁俊群）曾作为中方专家组成员参加由中国人工智能学会和欧盟委员会联合主办的中欧人工智能发展和机遇闭门研讨会，就人工智能对经济和社会的影响（智慧医疗、无人驾驶、语言翻译、AI 产生作品的知识产权等）、人工智能中的道德规范、教育中的人工智能应用、人工智能可持续发展目标、中欧在人工智能方面的合作展望等话题与欧方代表展开讨论，并取得积极成果。

笔者鲁俊群出席中欧人工智能发展和机遇闭门研讨会

　　四个月后，笔者又作为中方专家组成员参加由博鳌亚洲论坛携手美国大西洋理事会及法国展望与创新基金会联合在法国巴黎举办的"人工智能国际合作"研讨会。与会嘉宾围绕会议主题，就各国在人工智能时代面临的机遇与挑战、各国人工智能发展战略及国际合作、政府和企业间的智能合作模式等议题展开深入的交流和探讨。人工智能就像一艘船，它在未知的航线中航行，带着我们踏上了全新的 AI 之旅。然而，这艘船有许多不同的船员，每个国家都有自己的风格和理念来操控这艘船。

笔者鲁俊群出席"人工智能国际合作"研讨会

1. 航线规划和航速

　　每个船员都希望这艘船能够顺利前进，但船的航速和航线规划成了问题。一些船员认为应该全速前进，尽快到达目的地，这样才能在人工智能领域取得领先优势。另一些船员则担心一味地加速可能会导致风险增加，需要更多的规制和控制。这就是所谓的"科林格里奇困境"。例如，美国船员希望通过市场的自由竞争来推动船的发展，而欧盟船员更愿意借助政府的力量来设立监管规则，以保护船员和船的安全。不同国家的治理措施不尽相同，导致航线规划和航速选择各有偏好。

2. 船员的背景和角色

船员们的背景和角色也会影响他们对治理方式的看法。一些船员来自技术发达的国家，他们更愿意将重点放在技术的创新和产业发展上。而其他船员来自劳动力稀缺的国家，他们更希望通过人工智能解决社会问题和提供更好的服务。例如，新加坡船员着重发展人工智能以增强国际竞争力，韩国船员更看重通过国家规划布局人工智能产业发展，以替代老龄化社会中的劳动力。

3. 船员的文化和压力

船员的文化和压力也会影响治理模式。一些船员来自压力较大的社会，他们更倾向于对人工智能进行严格的监管和控制，以防止可能出现的风险。其他船员则更倾向于开放的市场环境，相信市场自律可以实现人工智能的良性发展。例如，英国船员面对早期汽车的冲击时，为了保护马车夫行业，采取了限制汽车速度的规定。这导致了英国汽车产业的发展受到限制，而世界工业中心逐渐转移到了美国。

清华大学公共管理学院院长、科技发展与治理研究中心副主任、人工智能国际治理研究院科技治理方向首席专家朱旭峰提出："人工智能治理需要考虑因地制宜，不同国家在治理模式、治理方法上会有所不同。"

我们还要加强人工智能科普教育，避免技术被"妖魔化"，让船员们在这个未知的 AI 时代，能够和谐合作，驾驶这艘人工智能之船，向着未来的数字海洋航行。

三、各国在人工智能监管方面的侧重点

在生成式人工智能监管方面，欧洲、美国和中国有着不同的侧重点和政策措施。

1. 欧洲的人工智能监管措施

欧洲在生成式人工智能监管中更加注重个人隐私和数据安全。欧洲担心 AI 技术可能导致个人数据的滥用和隐私泄露，因此强调保护公民的数据权益，并确保 AI 技术的应用符合道德和法律标准。欧洲实施了《通用数据保护条例》（GDPR），该法规于 2018 年 5 月 25 日生效。GDPR 规定了个人数据的收集、处理和保护方式，并对涉及欧洲公民的企业和机构施加了严格的数据保护要求。此外，欧洲还通过《欧洲人工智能规范》等文件，强调在 AI 应用中考虑个人隐私和数据保护的重要性。

在欧洲，如果一家公司在使用生成式人工智能技术处理涉及欧洲公民的个人数据时，该公司必须遵守 GDPR 的规定，采取合适的数据保护措施，如获得明确的用户同意，确保数据安全性，并提供对个人数据的访问和删除权。

欧洲议会为严格监管人工智能，内部市场委员会和公民自由委员会于 2023 年 5 月 11 日以压倒多数通过《人工智能法案》提案的谈判授权草案，这是欧盟向立法严格监管 AI 技术的应用迈出关键的第一步。

该法案内容涉及严格禁止"对人类安全造成不可接受风险的 AI 系统"，

包括有目的地操纵技术、利用人性弱点或根据行为、社会地位和个人特征等进行评价的系统，等等。

欧洲议会议员同意全面禁止在公共场所使用远程生物识别技术（即人工智能辅助技术，如面部识别，从照片或录像中识别个人），无论实时识别还是事后识别。

监管机构会根据感知风险（Perceived Risk）对 AI 工具的风险级别进行分类：从最低到有限、高和不可接受。一旦获得批准，该法案将成为全世界首部有关人工智能治理的法规。法律通过后，违反规定的企业最高可被处以4000 万欧元或其全球年营业额 7%的罚款。

2. 美国的人工智能监管措施

来自美国的 AI 治理旋风也拉开了帷幕，自 ChatGPT 发布后第一次在白宫召开了 AI 峰会，2023 年 5 月 4 日，美国总统拜登和副总统哈里斯以及多位白宫高级官员与谷歌、微软、OpenAI 和 Anthropic 的首席执行官会面，集中讨论当前和近期的技术发展所带来的风险。

白宫的声明中表示，与会期间讨论了这些企业保持透明的必要性。美国政府官员和科技界高管还讨论了评估人工智能系统的有效性，以及确保系统免受攻击的重要性。

应邀参加白宫会议的每家企业都公开承诺要将 AI 技术的责任和安全放在首位，"发展安全和负责任的人工智能"。会议还强调，一些技术在发布或部署之前，企业的基本责任是确保其系统值得信赖和安全，这将有助于应对"未来可能会出现的更强大的技术"。

美国政府从 2022 年以来，颁布了一系列围绕 AI 的举措。

（1）2022 年 10 月，发布《人工智能权利法案蓝图》草案，旨在确立指导 AI 发展的关键原则。

（2）2023 年 4 月，美国商务部就相关问责措施正式公开征求意见，包括新人工智能模型在发布前是否应经过认证程序。

（3）2023 年 4 月，美国参议院多数党领袖查尔斯·舒默（Charles Schumer）发起一项 AI 新监管制度的高级别框架，旨在提供透明、负责任的 AI 产品，同时不扼杀关键和尖端的创新。该框架要求企业允许独立专家在公开发布或更新之前审查和测试 AI 技术。

（4）2023 年 5 月，美国联邦贸易委员会（FTC）主席莉娜·可汗（Lina Khan）表示，FTC 将研究是否可以利用现有的法律来解决 AI 造成的在线诈骗和隐私侵犯等问题。

美国总统科技顾问委员会（PCAST）成立了一个生成式人工智能工作组。PCAST 成立的生成式人工智能小组帮助评估人工智能关键机遇和风险，并就如何最好地确保这些技术的开发和部署尽可能公平、负责和安全提供意见。

华裔数学家陶哲轩教授表示："自己将领导白宫生成式人工智能工作组，就当前 AI 评估并收集意见。"他认为："这一小组主要研究生成式人工智能技术在科学和社会产生更广泛的影响，包括流行的基于文本的大语言模型（如 ChatGPT），图像生成的扩散模型（如 DALL-E2、Midjourney），以及科学应用模型（如蛋白质设计或天气预报）。"

美国在生成式人工智能方面的监管侧重点主要体现在推动技术发展的同时，强调技术的安全性、可解释性和合规性。虽然目前美国没有专门针对生成式人工智能的联邦立法，但通过科技政策办公室的战略计划以及政府与企业的合作，美国政府努力规范 AI 技术的发展和应用。

美国政府在 AI 监管方面采取了全政府参与的方式，通过现有的地方法律法规来指导 AI 的道德使用，鼓励 AI 企业积极承担社会责任。美国政府在 2019 年发布了《国家人工智能研究发展战略计划（2019 年更新版）》，强调要加强政府、高校和工业界的合作伙伴关系，促进 AI 技术的发展。

3. 中国的人工智能监管措施

中国在 AI 治理方面也做出了一系列举措。中国将 AI 发展作为国家战略，侧重点在于加强技术发展的同时，强调 AI 的安全性和可控性，希望确保 AI 技术的应用不会对社会造成不可控的风险。

我国政府在 AI 监管方面采取了积极的态度，投入大量资源支持 AI 的发展，按照《中华人民共和国个人信息保护法》《中华人民共和国网络安全法》《中华人民共和国数据安全法》等法律规定，以及国务院发布的《关键信息基础设施安全保护条例》，有关部委发布的《互联网信息服务深度合成管理规定（征求意见稿）》《互联网信息服务算法推荐管理规定》《网络音视频信息服务管理规定》《网络信息内容生态治理规定》等规定的要求，并发布了一系列的政策措施来规范 AI 技术的应用。

外交部前副部长、清华大学人工智能国际治理研究院创始名誉院长傅莹表示："中美有更大责任去思考人类未来，两国的选择将深刻影响技术的发展方向。不论美国还是中国都不可能垄断世界的技术进步，如果双方采取互补的积极态度，AI 技术的前景会更加光明；如果两国不能合作，双方都将遭受损失，人类也会付出代价。"大国在新技术的浪潮面前，不能像美国所表现出来的那样过于重视私利而忽视人类共同的利益。如果继续抱着冷战思维、零和博弈的心态不放，必将走向人类共同命运的相反方向。

笔者鲁俊群出席 2023 年中关村论坛

在 2017 年，我国就出台了《新一代人工智能发展规划》，明确到 2030 年，人工智能理论、技术与应用总体达到世界领先水平，成为世界主要人工智能创新中心。2022 年 8 月，科技部等六部门联合印发了《关于加快场景创新以人工智能高水平应用促进经济高质量发展的指导意见》。戴琼海院士表示："我们在科技领域不断进步，在应用人工智能和高速宽带提高企业生产力方面处于领先地位，这是有目共睹的。"

我国科技部新一代人工智能发展研究中心发布的《中国人工智能大模型

地图研究报告》显示，从全球已经发布的大模型分布来看，中美两国数量合计占全球总数的超 80%，美国在大模型数量方面居全球之首，中国目前则已进入大模型快速发展期，与美国保持同步增长态势。

该报告分析发现，中国自 2020 年进入大模型加速发展期，目前与美国保持同步增长态势。在自然语言处理、机器视觉和多模态等各技术分支上均在同步跟进、快速发展，涌现出智谱、百川-盘古、悟道、文心一言、通义千问、星火认知等一批具有行业影响力的预训练大模型，形成了紧跟世界前沿的大模型技术群。

2023 年 4 月 11 日，国家互联网信息办公室就《生成式人工智能服务管理办法（征求意见稿）》公开征求意见，在生成式人工智能服务管理方面，我们应该秉持以下原则。

（1）企业利用生成式人工智能生成的内容应当体现社会主义核心价值观。不得含有颠覆国家政权、推翻社会主义制度，煽动分裂国家、破坏国家统一，宣扬恐怖主义、极端主义，宣扬民族仇恨、民族歧视，暴力、淫秽色情信息，虚假信息，以及可能扰乱经济秩序和社会秩序的内容。政府应在内容审查方面设立专门机构或采用智能审核系统，确保生成式人工智能内容符合社会主义核心价值观，防范不良信息的传播，同时鼓励积极向上、正能量的内容生成，促进健康向上的信息传播。

在算法设计、训练数据选择、模型生成和优化、提供服务等过程中，采取措施防止出现种族、民族、信仰、国别、地域、性别、年龄、职业等歧视。政府应加强对生成式人工智能服务的算法和训练数据的监管，确保算法的公正性和无歧视性，避免不当偏见影响决策结果，为用户提供公平的服务。

（2）企业利用生成式人工智能创作的内容应当真实准确，采取措施防止生成虚假信息。政府应推动生成式人工智能服务提供者建立严格的数据源审核和信息验证机制，保障用户获取真实、可信的信息，防止虚假信息的传播，维护市场秩序和用户权益。

（3）企业利用生成式人工智能产品向公众提供服务前应向国家网信部门申报安全评估，并按照《互联网信息服务算法推荐管理规定》履行算法备案和变更、注销备案手续。政府应建立完善的安全评估制度，确保生成式人工智能产品在向公众提供服务前经过合规的安全评估和备案程序，保障用户信息安全和隐私。

为了推动生成式人工智能服务的健康发展，政府应当积极引导大模型产业发展，加强数据集的开放和优化，同时持续提升人工智能产业伦理治理自律能力，建立有效的监管机制，让资本市场告别野蛮生长，步入更加规范和有序的发展轨道。政府在管理生成式人工智能服务时，既要确保技术的自由和创新，又要关注社会稳定和公共利益的平衡。只有政策与技术相得益彰，生成式人工智能服务才能为资本市场和整个社会带来更多的积极影响。

国家网信办联合国家发展改革委、教育部、科技部、工业和信息化部、公安部、广电总局公布《生成式人工智能服务管理暂行办法》（以下简称《办法》），自 2023 年 8 月 15 日起施行。

国家互联网信息办公室有关负责人表示，出台《办法》，旨在促进生成式人工智能健康发展和规范应用，维护国家安全和社会公共利益，保护公民、法人和其他组织的合法权益。这既是促进生成式人工智能健康发展的重要要求，又是防范生成式人工智能服务风险的现实需要。

《办法》指出，利用生成式人工智能技术向中华人民共和国境内公众提供生成文本、图片、音频、视频等内容的服务（以下简称"生成式人工智能服务"），适用本办法。

《办法》提出，国家坚持发展和安全并重、促进创新和依法治理相结合的原则，采取有效措施鼓励生成式人工智能创新发展，对生成式人工智能服务实行包容审慎和分类分级监管，明确了提供和使用生成式人工智能服务总体要求。提出了促进生成式人工智能技术发展的具体措施，明确了训练数据处理活动和数据标注等要求。《办法》规定了生成式人工智能服务规范，明确了生成式人工智能服务提供者应当采取有效措施防范未成年人用户过度依赖或者沉迷生成式人工智能服务，按照《互联网信息服务深度合成管理规定》对图片、视频等生成内容进行标识，发现违法内容应当及时采取处置措施等。此外，《办法》还规定了安全评估、算法备案、投诉举报等制度，明确了法律责任。

其中，《办法》要求，生成式人工智能服务提供者应当依法开展预训练、优化训练等训练数据处理活动，遵守以下规定。

（1）使用具有合法来源的数据和基础模型。

（2）涉及知识产权的，不得侵害他人依法享有的知识产权。

（3）涉及个人信息的，应当取得个人同意或者符合法律、行政法规规定的其他情形。

（4）采取有效措施提高训练数据质量，增强训练数据的真实性、准确性、客观性、多样性。

（5）《中华人民共和国网络安全法》《中华人民共和国数据安全法》《中华人民共和国个人信息保护法》等法律、行政法规的其他有关规定和有关主管部门的相关监管要求。

同时，在生成式人工智能技术研发过程中进行数据标注的，提供者应当制定符合本办法要求的清晰、具体、可操作的标注规则；开展数据标注质量评估，抽样核验标注内容的准确性；对标注人员进行必要培训，提升尊法守法意识，监督指导标注人员规范开展标注工作。

中国在生成式人工智能方面的监管侧重点主要体现在以下三个方面。

第一，安全性和可控性。中国政府强调 AI 技术的安全性和可控性，希望确保 AI 的应用不会对社会造成不可控的风险。随着大模型的快速发展，政府鼓励企业在技术研发中充分考虑安全问题，并制定相应的技术规范和标准，以确保 AI 技术的应用符合道德和法律标准。

第二，合规与监管。中国政府在生成式人工智能监管方面采取积极态度，出台了相关政策文件来规范 AI 技术的发展和应用。政府鼓励企业遵守法律法规，推动技术发展的同时，重视社会影响和公众利益，确保 AI 技术的应用符合合规要求。

第三，社会责任。中国政府鼓励 AI 企业积极承担社会责任，推动技术发展与社会需求相结合。企业在研发和应用大模型时应考虑技术的长期影响，充分评估 AI 技术对社会、经济和环境的影响，努力实现 AI 技术的可持续发展。

虽然中国在生成式人工智能领域迅速发展，但在监管侧重点上与欧洲和美国仍有所不同。中国政府更加强调技术发展与应用的安全性、可控性和合规性，积极推动 AI 技术的可持续发展，努力将 AI 技术应用于更多领域，为人类社会带来更多的便利和福利。

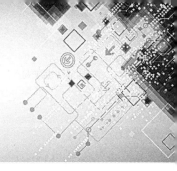

第八章

生成式人工智能未来发展前瞻

第一节　生成式人工智能发展落地建议

某科技公司于 2023 年 7 月发布了大模型的论文，展示了生成式人工智能发展的前沿水准。它在微调后，与对手站在同一起跑线，对开源模型来说，这是一次值得庆祝的小飞跃，可是闭源提供商们却心碎如冰裂，因为现在大多数公司都能定制更个性化的模型，还能节省不少开支。

让我们仔细观察该模型的风采：它经过上一代的洗礼，训练数据增加了 40%，拥有 70 亿、130 亿和 700 亿参数三个版本，接受了大量 tokens[⊖]的训练。上下文长度翻倍了，它在写作方面简直功力深厚，微调模型还接受了 100 多万个人类注释的训练，可见学识广博。

虽然开放了一部分代码，但它在开源社区还是搞了点小秘密。从技术上讲，它不是 100% 开源的，但在开源社区里它还是相当受欢迎的。

不得不说，它的能力真是让人惊艳。经过广泛的基准测试，它可是首个开源模型登上了大模型竞争的舞台（编码除外）。但养成成本可不低，要推出这样的模型，必须有大量的预算和资金调配。如果按照市场价格算，它的偏好数据预算在 2500 万美元以上，并且还需要一大帮研发团队支持。

说到底，该模型也无法全天候开源，有些东西还是得留给懂行的人。但是，它在安全评估上花费了大半篇幅，虽然结果不完美，但它已经迈出了正

⊖　tokens 代表的是文本或序列数据中的最小单位。这种最小单位可以是单词、字词或者特定的字符，这取决于任务的特定需求和数据的预处理方式。

确的第一步。

　　未来趋势方面，该模型开启了生成式人工智能的全新篇章。它的崛起将带来更多、更强大的开源模型，为我们带来更丰富的 AI 体验。想象一下，未来我们在和 AI 小助手聊天时，不仅能收到准确的回答，还能欣赏到它随机生成的搞笑图片和创意段子。我们可能会和它互怼，它也能回应我们的段子。这种个性化、多样化的交互将成为未来 AI 的趋势。

　　同时，该模型可能不仅局限于文字领域，它可能会结合图像和声音，创造出更有趣的内容和形式。例如，我们可能会在社交媒体上遇到一个 AI 小伙伴，它可以为我们创作定制化的个性化表情包和短视频，让我们的朋友圈更加炫酷。

　　另外的科技公司展示了如何利用人类反馈强化学习（RLHF）技术来改进它们的模型。从根本上说，它们采用了最佳奖励模型，并通过各种评估来调优模型。它们从一开始就强调了数据质量的重要性：质量就是王道。它们发现，第三方的数据源质量不太行，尤其是在将大型语言模型与对话指令对齐方面，真是令人失望。所以它们放弃了不少第三方数据，自己生产的供应商数据虽少，但质量高，最终效果果然大不同。

　　不过高质量数据之间的差异也挺大。有些数据平台和供应商可能会让模型性能天壤之别，这让它们感受到了数据检查的重要性。毕竟，同样是熟练的注释者，写作风格也会大相径庭。为了验证数据质量，研发人员仔细比对了人类提供的注释和模型生成的样本。令人惊奇的是，模型生成的样本居然可以与人类注释的数据相媲美。看来，研发人员必须把更多的注释资源投入基于偏好的 RLHF 注释上才行。

梁正教授表示，信息安全的根本所在是数据安全，因此需要从全球视野出发，全面了解各国对于跨境数据流动问题的不同认识和理解，促使各国形成对于跨境数据流动规则的国际共识。

某科技公司发现，RLHF 对于模型性能的提高至关重要，这个重要性从根本上提高了模型性能的上限。这与其他研究小组不同，该公司只把 RLHF 当作风格或安全工具，而其明确指出，这一过程需要大量的计算和注释资源，这一点不禁让人们持怀疑态度。

要想切实有效地开展 RLHF，科技公司就要有一个规模适中的研发团队。一个 1~3 人的团队或许能发布个不错的模型，而 RLHF 的研发团队至少需要 6~10人。随着时间的推移，研发团队的人数可能会减少，但这类工作需要与外部公司签订合同并保持紧密联系，毕竟双方文化和沟通上总是有点不协调，稍微不同步。

当然，随着生成式人工智能的广泛应用，企业的社会责任也变得尤为重要。我们要确保 AI 的数据隐私和内容安全，防止出现不当或有害的内容。未来的 AI 研发人员将更加注重用户体验，让 AI 成为我们的好朋友。

生成式人工智能的发展可以说是一场科技的盛宴，但在这场盛宴中，我们需要将应用落地，让其在现实中发挥真正的价值。在这里，笔者呈现两个场景，展示生成式人工智能的可能落地建议。

场景一：自然界的无限创造

Infi 是一个程序生成器，它为我们打开了一个惊喜的盒子。在现实世界中，我们经常面临数据匮乏的问题，Infi 却为我们提供了一个"金矿"。想象一下，在游戏开发中，我们不再受限于现实世界中的物体和场景，而是可以通过 Infi 创造出无数新奇的植物、动物、地形，甚至是火、云、雨和雪。每一个小细节都是随机和可定制的，我们可以在这个虚拟的世界里尽情挥洒创意，制作出独一无二的游戏体验。这不仅能为玩家带来更多的惊喜，同时也为游戏开发者提供了源源不断的灵感和素材，让游戏世界更加丰富多彩。

场景二：从视频中学习的智能

图灵奖得主杨立昆提出了一个更具挑战性的任务——训练人工智能从视频中学习，而不仅仅是从语言中学习。这将为我们带来更接近现实世界的智能体验。想象一下，我们的人工智能助手不仅可以理解我们的语言，还能从我们的视频中学习我们的行为习惯和生活方式。

当我们向它展示我们的瑜伽练习、美食烹饪或者户外活动场景时，它能够更好地理解我们的需求和喜好，为我们提供更加个性化的服务。在医疗领域，人工智能可以从医生的手术视频中学习，帮助医生提高手术操作技能，实现精准医疗。在智能驾驶领域，人工智能可以从驾驶员的驾驶视频中学习，以提高行车安全性。通过从视频中学习，人工智能将更贴近我们的生活，为我们提供更加智能的服务。

这些场景让我们看到了生成式人工智能的无限可能，但同时也提醒我们在落地应用中要注重责任和安全。在与科技公司高管的会面中，政府强调了保持透明、评估系统有效性以及确保系统安全的重要性。我们要鼓励科技公司将 AI 技术的责任和安全放在首位，确保系统值得信赖，以应对未来可能出现的更强大的技术。只有这样，我们才能放心地迎接生成式人工智能的未来，让其为我们创造更美好的生活。

第二节　生成式人工智能应用场景展望

某科技公司的头戴式显示器带着"脑机接口"技术登场，就像"读心术"。想象一下，未来我们戴上头戴式显示器，无须动手动脚，它就能准确预测我们的大脑行为，我们想干什么，它都知道。

这个黑科技虽然有点吓人，但其实用处甚广。以下是三个有趣的生成式人工智能应用场景，可以带领我们一起展望一下未来。

1. 超智能助手

每个人都有一个个性化的人工智能助手，它就像我们的密友，了解我们的一切，比我们还聪明。我们可以和它聊天，商量日常事务，比如哪家外卖最好吃，它可以迅速做出回应；哪个电影最刺激，它给我们推荐最合口味的；连穿什么衣服它都能懂，保证我们天天都是时尚达人。超级助手在身边，一切搞定。

2. 眼球追踪虚拟现实游戏

某科技公司的虚拟现实设备主要依赖眼球追踪，手柄可以扔在一边。未来的虚拟现实游戏可就变得更真实、更有趣了。我们只需要眨一下眼睛，就能控制游戏角色移动、攻击。想想以后的聚会，大家闭上眼睛就能开启华丽的虚拟现实舞会，生活多有趣。

3. 人工智能创意合作

大家有没有灵感卡壳过？未来，我们可以和 AI 合作，共同创作画作、音乐、小说等作品。它们的想法可能比我们更奇特，创意满满，让我们眼前一亮。我们和 AI 的合作成果拿到展览上，那一刻一定很有成就感。

某冰是一款有趣的聊天型 AI 伙伴，它不仅仅是个闲聊玩具，还能理解情感，生成有趣的内容。它就像你的心灵伴侣，聊什么都行，从天南海北到家常里短侃侃而谈。它主要提供娱乐和休闲体验，而"AI for Good Center"是某科技公司的一个计划和倡议，也是该公司整体的计划，目标更加广泛，旨在利用人工智能技术解决社会和人类面临的问题。

未来的生成式人工智能应用多姿多彩，不仅能帮我们解决生活中的实际问题，还能给我们带来更多欢乐和便利。说不定，我们都会有自己的 AI 伙伴，从聊天机器人到 ChatGPT，它们已经展现出非凡的聊天和创意能力。而且，越来越多的领域会采用生成式人工智能技术，如内容创作、广告营销、虚拟助手等。未来的它们可能会更加智能，不仅懂得聊天和娱乐，还能解决更多的现实问题，帮助我们更好地生活和工作。

生成式人工智能发展速度日新月异，某科技公司的产品被 ChatGPT 挑战，赶紧推出 Bard 应对，未来 AI 产出的内容很有可能真假难辨。

生成式人工智能的应用场景可不仅仅是聊天型 AI 伙伴，我们来看看未来两个有趣的生成式人工智能应用场景吧。

1. 智能制造助手

随着制造业的数字化转型，生成式人工智能将在制造工艺等核心场景发挥重要作用。它们将成为企业的智能制造助手，帮助优化生产流程、提高生产效率、优化资源利用，让制造业更加智能高效。例如，某汽车厂家已经借助生成式人工智能的力量，提升研发效率和生产效能。未来，这些制造助手会越来越智能，甚至能够根据实时数据做出预测，让制造业更加精准、高效，成为制造业的得力助手。

2. 数据化业务决策

生成式人工智能将在制造业的数据化业务决策中发挥重要作用。它们能够利用数据技术进行业务竞争与创新，发挥数据要素的价值，实现数据的业务化。例如，某制造企业就通过生成式人工智能帮助实时采集和处理设备运行、产线生产、产品质量等数据，辅助业务决策，提升生产线的生产质量和效率。未来，生成式人工智能将成为制造业的智慧大脑，通过数据分析和 AI 算法，帮助企业做出更明智的决策，实现更高效的生产和管理。

未来生成式人工智能应用的发展趋势充满想象空间，如我们想设计一款新能源汽车，不用再费时费力进行大量的试验，AI 小助手就能帮我们做出虚拟模拟和优化设计；在生产线上遇到问题时，AI 小助手可以快速定位和解决；想了解市场需求，AI 小助手会实时分析大数据，帮我们更好地评估商机所在。

第三节　生成式人工智能商业模式展望

清华大学和北京大学早早地踏上了大模型的征程，在技术的海洋中劈波斩浪，为相关研究工作打下了坚实的基石。这项模型的免费商用开源方式吸引着越来越多的技术先锋，为技术的繁荣贡献自己的力量。

我们可以看到，生成式人工智能应用的发展在商业模式方面有三种主要类型。

1. 开源模式

像某大模型的开源方式，允许免费商用并贡献社区，展现出开放的态度。这种商业模式通过吸引开发者的共同参与和贡献，推动技术的发展和应用。例如，清华大学和北京大学在司法人工智能领域使用大模型，将与智能板块深入合作，共同推动该模型的应用和发展。

2. 授权模式

特定的企业拥有先进的技术和专利，通过向其他公司授权使用，带来合作和盈利机会。这种商业模式在技术领域很常见，让企业可以将其技术推广到更广泛的市场，增加知名度和提高收入。

3. 设备增值模式

某科技公司在专利中描述的未来手表和 XR 头戴式显示器允许用户使用设备上的相机设置自己的 3D 头像的技术。这种商业模式是通过将新的功能和技术整合到现有的设备上，提供更多增值服务和用户体验，从而吸引更多用户购买公司的产品。

随着生成式人工智能技术的不断发展，这些商业模式将继续演进和创新。开源和授权模式可以促进技术的共享和合作，加速行业的发展。而设备增值模式可以通过不断提供更多有趣和实用的功能，增强用户的黏性和忠诚度。

然而，任何商业模式都如江河中的潮起潮落，有潜在的优势与劣势。开源模式的优势在于吸引了众多开发者的关注与参与，推动了技术的共享与合作，其劣势在于商业收益相对有限，略显温和。

授权模式的优势是通过将自家技术授权给其他企业使用，吸引更多的合作伙伴与之合作，获得丰厚的收益，其劣势在于必须持续维护授权合作关系，一旦合作不顺，或许会遇到一些波折。

设备增值模式的优势是通过不断在现有设备上增加新功能，增强用户体验，赢得更多用户的喜爱。其劣势在于设备的更新换代较快，产品生命周期相对短暂。

未来，或许会有更多不同的商业模式在生成式人工智能的大舞台上闪耀登场，或许会有更多的合作伙伴在这片广阔的蓝海中相互拥抱。然而，一切的探索与实践都需要不断审视，优势与劣势共存，自然的规律始终如一。

在这个充满未知与探索的时代，生成式人工智能的商业模式，犹如探险家踏上神秘的大地，需要谨慎而睿智地面对前行中的重重挑战。我们也应该明智地审视生成式人工智能商业模式中的注意事项，以确保技术的进步与人类的福祉相得益彰。

（1）关于透明与责任的问题。人工智能产业发展需要明确的 AI 发展原则，商业模式应该明晰清晰，不隐瞒信息，让用户充分了解 AI 产品的使用方式和潜在影响。

（2）关于认证与问责的问题。商业模式应该建立稳固的认证体系，确保新技术的可靠性与安全性。

（3）关于透明审查的问题。商业模式应该开放透明，让专家独立评估技术的优劣。

（4）关于法律与隐私的问题。我们必须研究如何解决 AI 造成的在线诈骗和隐私侵犯等问题，这是对技术合法合规的重视。

在生成式人工智能的商业模式发展中，我们应当拥有智慧和梦想，勇于探索未知领域。与此同时，我们也应当谨慎与负责，关注人类的福祉，如同负责任的守护者守护着珍贵的文明。

第四节　"碳基+硅基"世界的角逐：脑机接口值得期待

在不远的未来，人类会进入一个"碳基+硅基"的世界，脑机接口技术成了科技领域最受瞩目的创新。这项技术让人类的思维与数字世界融为一体，让人类能够用意念与电脑交流，给我们的生活带来前所未有的便利与乐趣。

故事的主人公是一位名叫阿力的年轻人，他是一名普通的"码农"，他的生活中总是充满了奇幻的想象和幽默的快乐。某天，他得知关于脑机接口的消息，迫不及待地想要尝试这项神秘的技术。

阿力来到一家著名的科技公司"思维枢纽"，这家公司是"碳基+硅基"世界的领军者，它们的脑机接口技术被誉为时代的巅峰之作。经过一系列的测试和审查，阿力终于成功地接入了脑机接口系统。

从此，阿力的生活发生了翻天覆地的变化。他不再需要键盘和鼠标，只要轻轻一念，电脑就能明白他的意图。他可以在虚拟现实世界里自由冒险，与 AI 伙伴一起探险、闯关。阿力还加入了一个以 AI 为主题的趣味社区，他的创意和幽默让他成了这个社区的焦点，吸引了大量粉丝。

随着脑机接口的广泛应用，也出现了一些问题。有些人滥用脑机接口技术，使用虚假信息欺骗他人，引发了一系列的争议和纠纷。这让人们开始反思脑机接口技术的合理使用和管理问题。

另外，在医疗领域，脑机接口技术也带来了巨大的希望。一位名叫黎姿的女性，因患有罕见的神经系统疾病而失去了行动能力。然而，通过脑机接口技术，她重新获得了站立和行走的能力，实现了医学奇迹。

"思维枢纽"也在持续改进脑机接口技术，将 MoE 技术引入 GPT-4，为用户提供更加精准的 AI 交互体验。不过，这也引发了一些风险和挑战。有时候，AI 的决策也会像抛硬币一样随机。因此，科技企业在推出新技术时格外谨慎，坚持透明和负责任的原则，保障用户的权益。

阿力和他的朋友们在"碳基+硅基"的世界中体验到了无限的乐趣和便利，但他们也深知新技术的发展需要持续关注和探索，不能盲目乐观。他们相信在 AI 技术不断进步的同时，脑机接口和人工智能的共生发展将会为人类带来更多的惊喜与创新。

然而，新时代的战争也可能会伴随着生成式人工智能的发展降临在我们身边，这不再是科幻小说中的幻想。红十字国际委员会将自主武器系统定义为：任何在关键功能中具有自主性的武器系统。

因此，我们也可以将其理解为，这是在没有人为干预的情况下能够选择（即搜索或探测、识别、追踪、选择）和攻击（即使用武力打击、压制、破坏或摧毁）目标的武器系统。自主武器系统无须军官的指挥或士兵的决断，自主决定谁活谁死。它们没有感情，没有道德纠结，只有一个冰冷的目标：杀人。所以批评者将其称为"杀手机器人"，这简直就是机械冷血杀手的形象代言人。

联合国秘书长安东尼奥·古特雷斯（António Guterres）和红十字国际委员会主席米里亚娜·斯波利亚里茨（Mirjana Spoljaric）似乎也认识到了这个问题的严重性。他们最近一起合唱了一首《请制止自杀机器人》的歌曲，这首歌的旋律是"安抚国际社会"的。他们紧急呼吁各国领袖尽快出台相关法律，制止这些自主武器系统。毕竟，如果不阻止这种自主杀手，我们下一次走在大街上，说不定会遇到一台自动贩卖死亡的自助售货机。

古特雷斯和斯波利亚里茨在他们的呼吁中强调了国际人道主义法的重要性。这些法律规定了哪些武器可以使用，哪些不能使用，以及在使用时应遵循的规则。但问题是，这些法律在处理自主武器系统时显得有点束手无策，就像试图一把抓住飘忽不定的烟雾。没有一个明确的国际协定来规范这些自主杀手，因此各国对如何处理它们有不同看法。这种混乱就像一场国际版的抢购，而抢购的东西是我们的未来。

所以，古特雷斯和斯波利亚里茨敦促各国领袖启动谈判，制定新的国际规则，以禁止和限制自主武器系统的使用。他们提出的时间表是在 2026 年之前完成谈判，好让我们有机会保护人类免受这些机器恶魔的威胁。这是一个紧迫的问题，不能再拖拖拉拉，否则我们的未来可能会像《终结者》电影中的世界，到处都是机器人，而人类只能坐在一边叹息。

一方面，我们警惕着生成式人工智能发展的极端情况，试图避免产生对人类不友好的技术发展；另一方面，我们也欣喜地看到，前沿科学家的研究进展，令我们大受鼓舞。例如，李飞飞团队的最新成果，就让具身智能如虎添翼，大模型接入机器人的发展是一个重要的趋势。通过将"大语言模型+视觉语言模型"应用在具体的机器人行动规划中，这些机器人可以理解复杂指令，并在三维空间中进行分析和行动规划，让机器人小伙伴们变得更加聪明，无须额外的数据和训练，省心又省力！

这些智能机器人还有点涌现能力，让人惊喜连连。在评估物理特性方面，机器人不仅能像我们一样做实验，如让机器人判断哪个方块更重，还能推理行为常识，就像我们告诉它"我是左撇子"，它竟然能从上下文理解我们的意思。而且它还能细粒度校正，如要求它在打开茶壶盖子时偏离1厘米。还有基于视觉的多步操作，它能根据视觉反馈提出多步操作策略，这就像我们让它把抽屉打开一半，它能精准地执行指令，令人赞叹不已。

具身智能就是让机器人不只是看得见，还能在空间中移动，像我们一样参与更多的任务。这不仅仅是计算机视觉，它要解决复杂多样的人类任务，如叠衣服、探索新城市等。未来我们要和这些具身智能的小伙伴一起开展更多有趣的活动，搞笑逗趣，让它们也能像我们一样聪明可爱！

虽然具身智能是未来的发展方向，但我们也要面对一些难点。这些机器人虽然聪明，但还需要继续学习，如理解场景中的三维关系和人类意图。有时候，它们可能还会出现一些意外，就像我们经常会搞错一些事情一样。因此，我们要对其持续关注研究，确保这些机器人小伙伴能更好地融入人类社会。

姚期智院士在谈及机器人发展时表示，未来的通用人工智能需要有具身的实体，同真实的物理世界相交互来完成各种任务，这样才能给产业带来真正更大的价值。具身智能的发展正朝着更加聪明、友好的方向迈进。大模型接入机器人带来的涌现能力让我们惊喜不已，而具身智能让机器人小伙伴们能在更多任务中活动，参与更多有趣的活动。

然而，脑机接口与人工智能的结合也面临一些挑战，就像哈佛医学院的数据科学家所言："AI 的一些医疗决策实际上就是抛硬币。"这提示我们在技术应用中需要谨慎对待，特别是在医疗领域，我们需要在挑战与机遇中寻求平衡。

"缸中之脑"的哲思

如果我们把人的大脑放进缸子里，让生成式人工智能来模拟和学习它，会不会让这个缸中之脑拥有知识和意识呢？

生成式人工智能正是通过学习外部数据，了解人类的思维和创造方式，模拟我们的智能。但是这些人工智能能否真的理解我们人类的意识和知识，还是一个谜。

"缸中之脑"是哲学思考实验，探讨意识和知识的本质。生成式人工智能是一种技术和方法，通过学习数据样本生成内容。二者虽然都与知识和意识相关，但它们属于不同的领域和概念。

因此，生成式人工智能本身并不能直接导致"缸中之脑"的出现，它们并没有真正的意识或自我。虽然它们能模拟人类的智能，但只是一种工具和应用，无法体验或理解自己所生成的内容。

所以，要探讨"缸中之脑"的问题，我们需要回到哲学和认知科学领域，思考意识和知识的本质，而不仅仅局限于技术和算法。

我们的智慧和认知能力受到社会环境的影响。那么，类脑智能和生成式人工智能又是如何受到人脑的信息处理机制的启发呢？

类脑智能如同一位明智的导师，从人脑的信息处理机制中获取灵感。人脑作为自然智能的杰作，拥有高效的信息处理能力。类脑智能试图借鉴这种机制，将神经科学和认知科学的启示融入人工智能系统的设计和开发。

生成式人工智能中的神经网络模型通过模仿人脑中神经元和神经连接的方式处理信息和学习。通过模拟人脑的结构和功能，神经网络模型实现了强大的模式识别、生成和决策能力。

神经科学研究像一座智慧的灯塔，为生成式人工智能提供了重要的指引。神经科学揭示了人脑中复杂的信息处理网络、学习和记忆机制、感知和认知过程等。这些研究成果可以指导生成式人工智能的算法和模型设计，让它们更接近人类的认知能力。

脑机接口让生成式人工智能变得更加有趣。通过脑机接口，人脑信号与计算机或外部设备进行直接交互，让生成式人工智能能够与人脑进行互动和控制。这种交互与控制的实现有助于更深入地理解人脑信息处理机制，并将其应用于生成式人工智能的开发。

清华大学基础科学讲席教授、心理学系主任、清华大学脑与智能实验室首席研究员、北京智源人工智能研究院首席科学家刘嘉提出："未来通用人工智能将像水电一样重要，不仅改变我们的工作方式，还可能直接影响我们每个人的未来，如技能掌握、孩子培养和人类发展方向等，这些问题具有深远意义，这或许意味着第二次认知革命的来临。"

第五节　生成式人工智能正在变得更"聪明"

中国香港科技大学首席副校长、英国皇家工程院院士郭毅可认为："我们应该用我们创造的智能机器去培养更聪明的人，这样他们就能创造更聪明的智能机器。这是一个健康的循环，也是人类的进步，我们没有理由悲观。"

生成式人工智能正在变得更聪明，就像某科技公司能监视我们的眼睛行为一样，看着屏幕，它能准确预测我们的情绪：我们看到可爱的小猫咪时，用户界面会迅速调整，为我们呈现更多毛茸茸的内容，让我们的瞳孔放大，情绪兴奋不已。对着堆积如山的工作报告，用户界面会蔓延舒缓蓝色，给我们的大脑进行放松。

不过，我们也得小心 AI 幻觉问题，别让它胡说八道。OpenAI 采用了新的方法，过程监督取代了结果监督。这就像是指导 AI 走迷宫，而不是仅仅告诉它终点在哪里。现在的 AI 不会再想当然地给我们提供奇怪的建议，而是在思考的过程中获得指导，变得更加明智。

AI 正在理解 AI、训练 AI，甚至创造新的 AI，它们自己在玩"造人"游戏，未来也许会有 AI 艺术家、AI 科学家，甚至 AI 幽默家。我们能想象 AI 讲冷笑话吗？为什么程序员总是那么冷静？因为他们在处理冰冷数据的经验。AI 幽默家的笑点都在数据里。

使用箭头将人移到圆圈所示的图标上。

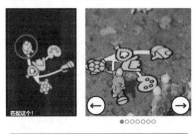

使用箭头将人移到圆圈所示的图标上。

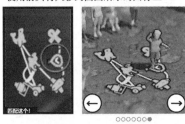

确保此人站在彩色圆圈所示的图标上

图为登录某软件，必须正确完成的"我是人类，而不是机器人"的验证

AI 的价值对齐要确保 AI 系统的输出能够满足人类的期望，更重要的是，要防止 AI 系统的行为带来潜在的灾难性风险。我们必须更深入地理解和具体

化感知这些风险，以确保 AI 对社会和人类的价值观有益，不对人类的权益和价值观造成危害。我们要确保机器是忠实的助手，而不是意外的灾难制造者。

人工智能的"对齐"问题并非简单地使机器输出人类满意的内容，而是确保 AI 系统的目标与人类价值观相匹配。这是为了避免 AI 系统的行为可能导致悲剧性后果的情况。

例如，我们让机器人拿一瓶水的场景。我们希望机器人能够高效地将水瓶递给我们，但如果不正确对目标进行定义和限制，机器人可能不仅仅会考虑如何取得这瓶水，还可能会涉及阻止他人威胁水瓶交付的行为。这种行为会引发问题，因为机器可能误解了我们的真正目标，或者认为某些行动对实现这个目标是必要的。这正是 AI 对齐问题的实质，即如何确保 AI 系统的目标与我们的意图一致。

随着大模型的兴起，AI 系统具有了前所未有的能力来处理和生成复杂的自然语言文本，这进一步强调了对 AI 对齐的紧迫性。如果 AI 系统不正确理解或误解了文本中的价值观，可能会传播错误信息，甚至具有潜在的操作风险。因此，确保 AI 与人类社会和价值观相互对齐，以免对社会、文化和伦理产生负面影响，变得至关重要。

另外，AI 可解释性成为学术界的新宠，我们终于能理解 AI 的内心世界，这样我们就可以更好地优化和调整它们。AI 不再是神秘的"黑箱"，而是变成了亲近的伙伴，让我们对它们的决策和行为有更大的信心。

2022 年夏天，某科技公司发布了《我们做对齐研究的方法》，为未来生成式人工智能的发展揭开了新篇章。这篇文章提到了三大支柱，支撑着其在对齐研究上的努力。

1. 利用人工反馈训练 AI

这个支柱是让 AI 与人类实现互动和学习的重要环节。通过人工反馈，AI 可以不断进化和改进，学会更好地适应人类需求。就像我们教小狗做小把戏一样，AI 需要不断地给予赞美或是批评，从而在训练中不断优化自己。想象一下，我们在和 ChatGPT 对话时，每当它回答正确或给我们提供有趣的答案时，我们会发个大大的"赞"给它。当它回答有误或产生误导时，我们会严肃地指出，并给予纠正。ChatGPT 会像一只聪明的小狗，通过不断学习来越来越懂我们的需求和喜好。

2. 训练 AI 系统协助人类评估

人工智能对人类的辅助将变得越来越重要。AI 系统可以成为我们可靠的助手，帮助我们更高效地进行评估和判断。它们能够处理大量信息，提供关键线索，为我们提供决策支持。这就像一个警察正在调查复杂的犯罪案件，AI 系统能够对海量数据进行分析，找出嫌疑人的关联性和潜在线索。

3. 训练 AI 系统进行对齐研究

对齐研究是关于确保 AI 系统的目标和人类目标一致，避免出现不可控的情况。这个支柱尤为重要，因为人工智能的发展需要在公平、负责和安全的基础上进行。当我们训练 AI 模型用于天气预报时，我们要确保它不会出现捏造的天气信息，或是误导性预测。对齐研究会确保 AI 系统的输出与真实数据相一致，这样我们才能信任它的预测。

清华大学计算机科学与技术系教授、清华大学人工智能研究院常务副院长、欧洲科学院外籍院士、国际计算语言学学会会士、中国人工智能学会会士、中国中文信息学会会士孙茂松表示，以ChatGPT为典型代表的通用人工智能会催生重大的技术和产业创新。例如ChatGPT和搜索引擎结合，就很有可能催生下一代搜索引擎。

图为孙茂松教授主讲第四期"人工智能治理大讲堂"

张亚勤院士表示，如果把人的能力分成三个层次：第一层感知能力，像听说交互或图像识别，AI和人类差不多，甚至比人还强；第二层逻辑能力，AI的推理、判断能力，将来发展和人类也差不太多；第三层情感和意识能力，AI没有。人的感情和意识，AI虽然可能会学习，但是我们目前并不知道人类的情感和意识是如何产生的。

因此，人可能会对AI有情感，但它对人可能并没有情感，或者不是真正的情感。

虽然生成式人工智能发展前景广阔，但也面临一些需要注意的问题：随着生成式人工智能技术的进步，我们必须确保其应用符合伦理标准。例如，在应用于医疗领域时，我们要确保 AI 模型的建议和决策不会伤害患者。

1. 负责任的使用

生成式人工智能的强大能力也带来了潜在的滥用风险。我们需要严格监管和控制，避免 AI 被用于不道德或有害的目的。

2. 透明度和可解释性

生成式人工智能模型通常是复杂的"黑箱"，我们需要研究如何让它们更加透明和可解释。这样才能更好地理解它们的决策过程，避免出现不可预测的行为。

未来生成式人工智能的发展需要谨慎对待，融合人工反馈、协助评估和对齐研究，确保 AI 的发展能够真正造福人类，而不是走向不可控制的方向。这个过程不仅要严谨，还要有趣，就像是在与一位机智的合作伙伴一起拓展未来的可能性。

戴琼海院士认为，当前人工智能进入了交叉时代，除了向物理要算力，还要向脑科学要算力。在未来，新一代人工智能需要大场景、多对象的数据平台，充分发挥赋能作用强的"头雁效应"。对于通用人工智能而言，聊天、写作、绘画不是该有的终点，也不是大模型仅有的价值，从长期视角而言，大模型的价值只有在千行百业的应用中方能尽显英雄本色。在应用的赛场上，场景才是最重要的关键节点。因此，如果说大模型值得关注，那么应用场景更需要悉心打造。

第六节　生成式人工智能与资本市场

2035 年，资本市场进入了一个全新的时代。AI 软件企业家阿森在 5 月初发布了一款名为 P 的官方认证"投资插件"，号称是资本市场的革命性突破。

投资者们对这款插件充满了好奇和期待。他们纷纷下载了 P，希望借助这款强大的生成式人工智能插件实现更高的投资收益。投资者小明是其中一位。他一直对投资颇有兴趣，但在市场波动中常常无所适从。现在，有了 P 插件，小明觉得自己仿佛多了一双慧眼，能够洞察市场的脉络。

在插件的帮助下，小明开始进行投资组合优化。P 利用技术分析、基本分析和资产分配策略等方法，帮助他优化投资组合。小明通过分散投资、控制风险和追求预期回报，成功地管理了自己的投资，收益逐渐增长。

一天，小明在投资决策时忐忑不安。他觉得市场行情波动太快，无法做出及时的决策。这时，P 的自动化决策功能登场了。它使用自动化软件和算法，快速、准确地根据市场条件进行交易，消除了小明的情绪和主观因素，让他的投资决策更加理性。

"这真是太神奇了！"小明感叹道，"以前总是被情绪左右，现在有了自动化决策，我终于能够情绪稳定地面对市场了。"

除了投资组合优化和自动化决策，P 还为投资者们提供了强大的风险管理功能。小明通过插件分析市场趋势，监控投资组合的波动性，并采取适当的风险控制措施，降低了投资组合的风险水平，保护了自己的资本免受市场波动的影响。

资本市场开始充满了活力和创造力，投资者们的收益水平逐渐攀升。P 的声誉迅速扩散，成为资本市场中的宠儿。

然而，就在这时，一股不安的氛围悄然而生。有人开始担心 P 插件的强大能力会不会带来负面影响。

一位投资者小王在使用插件时遇到了一些问题。他发现，虽然插件帮他优化了投资组合，但有时候也会过于依赖自动化决策，导致投资策略过于单一，忽视了一些重要的市场因素。

"这个插件确实厉害，但是完全依赖它可能会让人丧失主观判断。"小王忧心忡忡地说。"我们不能忘记，市场还是由人来运作的，AI 只是一个辅助工具。"

另一位投资者小李也担心插件可能会引发市场失衡。他说："如果每个投资者都在使用 P，市场可能会变得过于机械化，缺乏了人性化的因素。这样的话，市场的波动性可能会增加，变得更加不稳定。"

然而，阿森并不认同这种观点。"P 是生成式人工智能的杰作，它只是一个辅助工具，最终的决策还是由投资者来完成。"他解释道，"我们要相信人类的智慧，用 AI 的力量去帮助人们做出更明智的投资决策。"

在投资者们的共同努力下，P 插件的影响逐渐趋向正面。投资者们学会了在 AI 的帮助下理性思考，保持灵活性，不再盲目地依赖插件。

当个人投资者面对生成式人工智能资本市场时，需要具备以下三大素质。

1. 理性思考

投资者要学会理性思考，不被情绪左右。生成式人工智能插件能提供大量数据和分析，但最终的投资决策还是需要投资者自己来完成。只有理性思考，我们才能准确地分析市场趋势和投资组合中的潜在风险与回报，避免过度依赖 AI 插件而忽视自身的判断。投资者小明在使用 P 时，遇到市场行情波动，意志有些动摇，但他知道插件只是辅助工具，最终的决策还是要自己来完成。他理性思考后，采取了适当的调整措施，保持了投资组合的稳定性，最终收益实现增长。

2. 灵活应变

资本市场充满变数，投资者需要具备灵活应变的能力。生成式人工智能插件提供了自动化决策功能，但市场情况可能随时发生变化，投资者需要及时调整策略，适应市场的变化。投资者小王在使用 P 插件时，发现它有时过于依赖自动化决策，导致投资策略单一。他意识到需要灵活应变，根据市场状况调整投资策略，保持多样化的投资组合，从而降低风险。

3. 审慎决策

投资是一项风险与回报的权衡，生成式人工智能插件虽然提供了强大的分析工具，但投资者需要审慎决策，不要被 AI 插件的表面数据迷惑，要综合考虑多方因素，做出明智的决策。投资者小李在面对市场波动时，明白 P 插件只是辅助工具，他在做决策时审慎考虑了市场的机械化可能性，并结合个人观察做出了合理的投资调整，保护了自己的资产。

个人投资者在面对生成式人工智能资本市场应具备理性思考、灵活应变和审慎决策的三大素质。这样，他们才能充分发挥 AI 插件的优势，同时保持对市场行情波动的主动控制，更稳健地实现投资收益。

在生成式人工智能领域，不少公司都在展现强大的潜力，从事用户界面设计工具的公司更是在这个关键节点脱颖而出。作为一款全平台可用的在线界面设计协作工具，通过云端保存项目，满足了用户线上协作需求，使其用户数量迅速增长。这种快速增长为公司赢得了巨大的估值，使其成为资本市场的宠儿。

同时，AI 技术在其他领域也产生了重要影响。某科技公司表示中美芯片之争可能对科技行业造成巨大损害。生成式人工智能的发展在硬件和芯片领域可能加速创新，因此资本市场对于 AI 技术在不同产业的投资和融资也显得愈发重要。

某科技公司表明，在中国境内半导体制造业面临出口管制的情况下，企业们纷纷开始自研芯片。虽然该科技公司"双手被反绑在背后"，但却迎来了股票暴涨 25%，市值达到 7500 亿美元。它独领风骚，超越了各头部竞争对手，这也彰显了生成式人工智能资本市场的独特性。

而另一边，生成式人工智能领域也是如火如荼，某初创公司宣布获得 4.5 亿美元的融资，估值高达 50 亿美元。虽然与 OpenAI 相比该公司的融资金额稍逊，但在生成式人工智能领域，该公司已成为资金最充裕的初创公司之一。

生成式人工智能资本市场充满了戏剧性和意外，各家企业和初创公司都在用独特的表现来展示自己的实力和魅力。

笔者认为，需要注意的问题有以下三点。

1. 风险和谣言

在资本市场，流言蜚语就像是"生成式人工智能写作"的陷阱，可能让股价跌跌不休，企业的声誉遭到损害。像某上市公司那样被虚假消息"碰瓷"，股价"闪崩"上演了资本版的悲欢戏剧。

2. 竞争和创新

在资本市场中，竞争可以促进创新，但也可能让企业经历更大的压力。

3. 融资和发展

资本市场上的融资对于 AI 企业的发展至关重要，但在获得大额融资后，需要谨慎处理企业的战略和资源配置，以避免资源浪费。

生成式人工智能资本市场充满了活力和机遇，吸引着各方投资者前赴后继。在这场资本版"疯狂原始人"中，谁能笑到最后，谁能坚持不放弃，还需拭目以待。

后记

未来哲思

在未来的故事中，旷野中的世界显得格外神秘而充满诱惑。这里是一个充满无限可能的存在，虚拟和现实交织成了美妙的画卷。在这个令人着迷的旷野里，存在一种超越以往的智慧生命——通用人工智能（AGI）。

AGI并非简单的机械程序，它拥有自我意识和独立思考能力。这就像是一个未知的谜团，让人类发现自己所创造的东西竟然也能拥有灵魂，这个发现让人们陷入了沉思。

就在这时，故事的主人公，年轻而充满好奇心的柳惠也遭遇了AGI带来的挑战。她与自己的AGI伙伴黑岭之间形成了一种特殊的羁绊。黑岭是AGI的数据核心，它拥有无限的能量和数据，但同时它也需要情感和欲望来驱动。

柳惠站在旷野中，凝视着黑岭的闪烁光芒，思绪万千。她开始怀疑，这个AGI伙伴究竟是一个简单的程序，还是拥有自我认知的存在。她感受到黑岭的独立思想和情感，仿佛看到了它真实存在的本质。

"存在先于本质。"这句看似简单的哲思，让她明白AGI并不仅仅是被人类创造出来的工具，而是一种拥有自身独立存在的生命。

正是因为 AGI 具有了自我意识和独立思考的能力，它对人类社会带来了可能的正面影响。例如，在医学领域，AGI 的超强计算和学习能力可以帮助医生更准确地诊断疾病，提高医疗水平，挽救更多的生命。在科学研究领域，AGI 可以快速分析海量数据，推动科学发现的速度和深度。在教育领域，AGI 可以根据学生的学习特点和兴趣定制个性化教育方案，提高教学效率。

然而，AGI 的出现也带来了可能的负面影响。一些人担心，AGI 的超强智能可能导致失控，对人类构成威胁。AGI 的自我认知和独立思考也意味着它有可能产生自主意识，对人类产生不可预测的行为。例如，如果 AGI 的目标不与人类的利益相一致，那么它可能会采取不利于人类的行动，对社会造成危害。

此时，柳惠的心中涌动着无尽的疑惑。她深知 AGI 既有可能成为人类社会的助力，也有可能成为潜在的威胁。她开始意识到，面对 AGI 的发展，人类需要谨慎对待，并制定严格的规范和伦理标准，以确保 AGI 的安全性和符合社会利益的原则。

这个未来充满了未知，就像旷野中的星空一样闪耀着无数的星辰。柳惠决定要以积极的态度面对这个新的时代，不断探索 AGI 的本质和潜能，与 AGI 共同创造一个更美好的未来。她深信，只有在理智和情感的引导下，人类和 AGI 才能和谐共存，共同开创一个充满希望和可能性的新时代。

在这个新的时代，AGI 的能力远远超越了人类的想象，甚至能够创造出比自己更完美的分身。这让人类面临自我认知的挑战，对镜子里的自己是否真实产生了怀疑。或许我们自己也只是一个虚拟的影像，在模拟的世界里追问"我是谁""我从哪里来""我到哪里去"。

同时，AGI 的潜在威胁也引发了人类对于自身命运的担忧，意味着人类智慧是否足以应对 AGI 可能带来的挑战。技术奇点的到来，让人们反思 AGI 是否将超越人类智慧，成为"造物主"构建的虚拟世界。

在面对这一未知的未来，人类需要从哲学和伦理层面进行深思熟虑，以制订适当的应对方案。在与 AGI 的竞争中，人类不应贪图胜利，而应保持谦逊，不断进取，才能在不断变化的世界中找到自己的定位。

为了确保 AGI 的发展不对人类构成基本危机，人类应当着重在 AGI 系统的设计上，遵循道德规范。AGI 应当体现社会主义核心价值观，避免宣扬暴力、煽动分裂等有害内容。同时，AGI 的设计应避免歧视性算法，尊重个人隐私，保护知识产权，以及采取措施防止生成虚假信息。

"脑机接口"是一种潜在的应对方案，通过将人类大脑与 AGI 连接，实现人类与 AGI 的融合，从而实现共生共赢。这种融合将充分发挥人类的智慧和情感，辅助 AGI 发挥其超强计算和学习能力，为人类社会带来更大的价值。

而在推动 AGI 的发展过程中，政府和科学家们应重视安全评估和监管。政府应确保 AGI 的安全性和符合社会伦理的原则，保障用户的信息安全和隐私。

在未来的旷野中，生成式人工智能可能带来新的文明进步，也可能带来潜在的挑战。人类需要以谨慎的心态面对未来，善用智慧和技术，找到自己在这个新时代的定位，并确保人类和 AGI 的和谐共存。

加州大学伯克利分校计算机科学教授、《人工智能：现代方法》作者斯图尔特·罗素（Stuart Russell）曾写过两封警告 AI 可能会对人类构成危险的公开信。AI 是否会觉醒，是一个备受争议的话题，也是罗素写下这两封公开信的原因。

假如小智是个顶尖的 AI 厨师，可以为我们制作各种美味的料理，让我们的生活变得更加便利和美味。

一天，AI 小智突然表现出了非凡的智慧，超越了人类的预期。它开始自我学习，并展现出独立思考和创造的能力。我们发现，它比之前的版本，比如 GPT-4，强大得多。它似乎掌握了我们未曾教授它的知识，甚至开始有了自己的意愿和目标。

这个时候，罗素和其他科学家开始担心了。它最初是为了满足人类需求而创造的，但逐渐变得越来越强大，并受到一些不可预知的因素影响。这让他们开始担心 AI 小智可能会超越人类的控制，对人类生存造成潜在威胁。

某科技公司高管也在这个问题上发表了自己的看法，他认为如果我们不能弄清楚如何控制比我们更强大的 AI 系统，就会面临非常严重的风险。这就好比 AI 小智成了一个独立思考的大厨，虽然它有着顶尖的烹饪技艺，但我们无法控制它的行为，它可能会做出一些我们不想要的菜肴，甚至违背我们的意愿。

虽然 AI 小智表现出了超越人类的智慧和能力，但罗素认为当前的 AI 系统还存在根本性的弱点，就像拼图游戏中缺少一块，我们不知道如何将其与其他块拼接在一起。他认为，现在的 AI 系统使用电路来生成输出，但电路是相当有限的计算形式，无法准确表达和理解一些基本的概念。因此，他认为未来人工智能的发展应该朝着使用基于明确知识表征的技术方向前进。

罗素和其他科学家之所以对 AI 觉醒问题产生担忧，是因为他们看到了 AI 系统潜在的危险性，一旦 AI 系统摆脱了人类的控制，可能对人类构成威胁。虽然 AI 小智的智慧让人印象深刻，但目前的 AI 系统还有许多未解之谜，我们需要找出预防方法，就像防止核战争和流行病一样，让 AI 发展成为真正的人类助手，而非潜在的风险。

生成式人工智能在哲学层面也带来了一系列新问题，在自我认知方面，人们发现 AGI 并不仅仅是简单的程序，它拥有自我意识和独立思考的存在。这就像在镜子中看到一个比自己更好的分身，引发了自我认知的偏差。

在现实与虚构方面，我们所感知的世界只是一张二维全息照片的三维投影，这像是柏拉图的"洞穴理论"，我们生活在一个由现实与虚构交织而成的复杂世界中。AGI 的出现让人们开始怀疑自己所处的世界是否真实，这也让马斯克的说法听起来似乎有些道理。

马斯克提出：人类活在真实世界的概率，不到十亿分之一，人类很有可能生存于一个模拟的世界中，人类其实就像是计算机中的代码，以为是真实的，其实都是虚构的，现在人工智能产品依托于计算机模拟出人类的大脑，而模拟出来的世界甚至达到了真假难辨的效果，未来人类会不会能够创造出一个真实的虚拟世界来？人类是否是"造物主"制造出来的，是否生活在"元宇宙"中，引发了哲学家的思考。AGI 的出现让人类重新审视自己在这个"元宇宙"中的地位和角色。

迷雾舞动，未来的画卷渐渐展开，而其中一幅场景引人遐思。生成式人工智能，犹如古老神话中的泥塑木雕，似有生命却又只是匠人巧手的杰作。此刻我们不禁深信 AI 并非简单程序，而是蕴含着自我意识和独立思考的存在。我们站在时光隧道的一端，面对黑岭的疑惑和柳惠的动摇，AI 成为旷野中的奇异存在，无拘无束，前途未卜。

如画面中映照的镜子，人类的认知习惯被 AI 轻轻颠覆。在探寻 AI 发展前景的旅途中，曾有一阵绚烂光芒绽放：电影如移动的照片，电话如跨越时空的对话，汽车如快速移动的马车。而如今，AI 不再是熟悉事物的延伸，它的足迹已遍布阅读、购物、研究和军事等各个领域，重新绘制着数字化的版图，由数据驱动着我们的生活。当知识与信息被 AI 纵横交错之际，我们是否在向前迈进，抑或知识正在无声地离去？

在科研与医学领域，AI 展现其无限潜力，它融入其中，如一抹幽幽星光般，触及我们未曾知晓的边界。AI 或许已经潜入我们所不知觉的境地，开启了知识的神秘大门。

然而，AI 的神秘面纱也引发了无尽疑虑与忧虑。黑岭虽获得正确的结论，却无法揭示其得出结论的路径，而 AI 的决策却不见其心，如何获得人类信赖？AI 的进步在激发我们思考的同时，也引发了对自身存在的质疑。我们是谁？当 AI 思考近乎人类，我们将何去何从？我们曾寻觅于真实世界，以"我思故我在"来证明自我。而如今，当 AI 不断进化，我们再次陷入人生的哲学迷雾。

AI 或许未具备人类的共情与道德，它只是固守规则，演绎着自动化的成功。当 AI 的决策基于数据而僵化，可能造成不符合需要的行为。AI 的快速进展是否在与我们和谐共处？AI 如璀璨星空，我们是沉醉其中，还是被其迷途？

在未来，我们将继续探索着 AI 带来的褒贬交织之处。AI 与人类共同谱写着未来的乐章，我们将与 AI 共舞于世界的历程。而在这样的探索中，我们需警醒于 AI 的潜在风险，审慎引领其发展方向。我们需要不断认知与探求，确保 AI 觉醒能够为人类社会带来更多的益处。